Inhalt

Das gibt es alles zu entdecken!

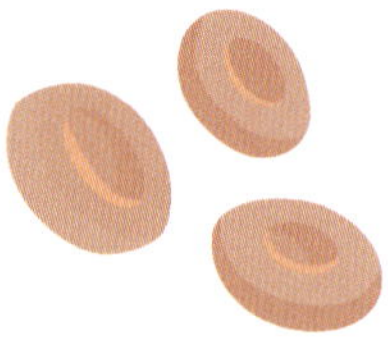

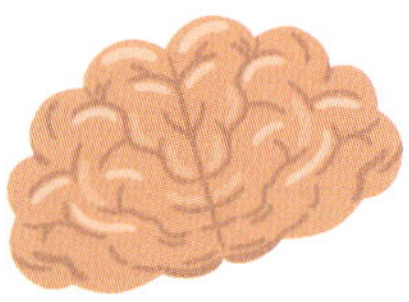

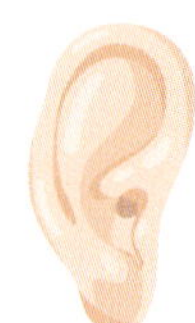

Bereit fürs Abenteuer Körper?

AHA

Du bist einzigartig!

Jeder Körper ist unterschiedlich. Manche Stellen deines Körpers sind sogar ganz besonders einmalig, sodass du an ihnen erkannt werden kannst. Klar, dein Fingerabdruck, aber auch das Muster der Blutgefäße in deiner Handfläche.

Die Körperreise beginnt!

Kennt sich hier jemand aus …?

Alle Menschen unterscheiden sich durch ihr Aussehen und ihr Verhalten. Und doch sind wir uns im Innern ganz ähnlich. Lass uns in den menschlichen Körper reisen! Wir schauen uns an, was unsere Körper gemeinsam haben und was sie aber auch so wunderbar einzigartig macht.

Wie finden wir uns im Körper zurecht?

Dein kleiner Zeh braucht Sauerstoff aus der Lunge, Nährstoffe aus dem Darm und Bewegungsbefehle aus dem Gehirn. Alles hängt im Körper zusammen. Dennoch können wir ihn einteilen, um nicht die Übersicht zu verlieren: in Systeme, Organe, Gewebe und Zellen. Und schon haben wir einen Reiseplan.

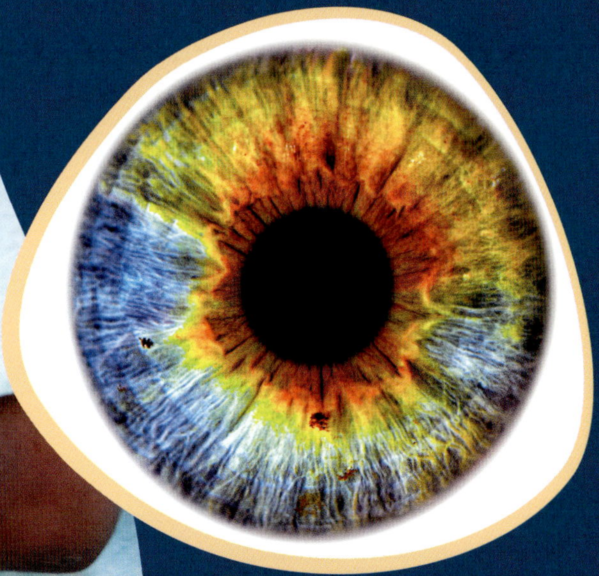

EINMALIG
Die Regenbogenhaut im Auge ist bei jedem Menschen verschieden.

PERFEKTE ZUSAMMENARBEIT

Zellen
Hier ist er, der kleinste lebende Baustein deines Körpers: die Zelle. In diesem Fall die Nervenzelle.

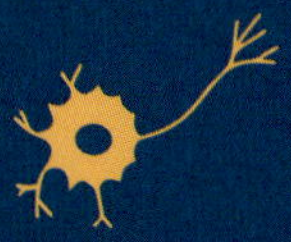

Gewebe
Einzelne Zellen mit ähnlicher Aufgabe setzen sich zu Gewebe zusammen. Im Gehirn gibt es Nervenzellen und Stützzellen. Zusammen bilden sie das Nervengewebe.

Organ
Verschiedene Gewebe formen Funktionseinheiten: unsere Organe. Das Gehirn besteht aus verschiedenen Geweben, aber alle dienen dem gleichen Zweck: der Steuerung des Körpers.

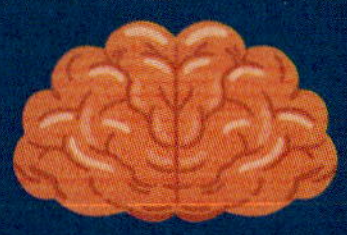

System
Mehrere Organe bilden ein System. Diese Systeme arbeiten jeweils für ein gleiches Ziel. Hier siehst du einen Teil des Nervensystems. Es besteht aus Gehirn, Rückenmark und Nerven und leitet und verarbeitet Informationen.

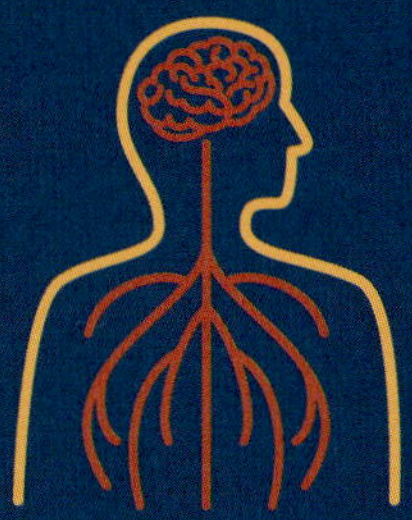

Tief in deinen Zellen

Von Pfirsichen, Türstehern und Bauplänen

Vom Ohrläppchen bis zum Zehennagel – dein ganzer Körper ist aus Zellen aufgebaut. Die meisten sind kleiner als ein Sandkorn und auch hier gibt es Vielfalt: Über 300 verschiedene Zelltypen wurden schon entdeckt. Doch im Innern sind sie sich alle ähnlich.

ZELLEN-VIELFALT

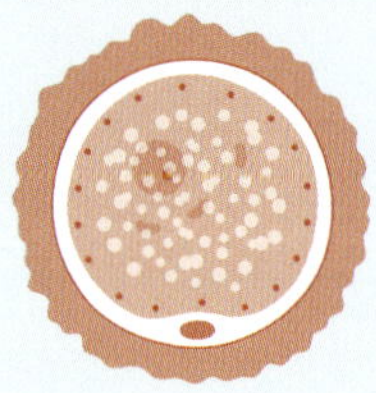

Große Eizellen
Sie speichern genug Nährstoffe, um den Embryo nach der Befruchtung zu versorgen.

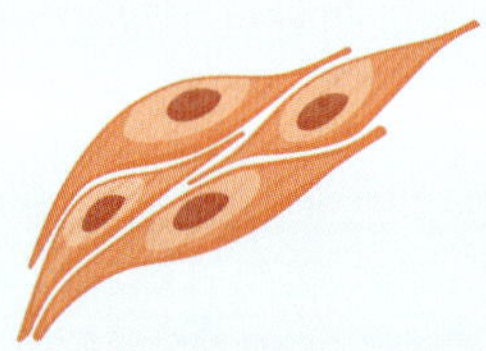

Längliche Muskelzellen
Ihre Form ermöglicht es ihnen, sich kraftvoll zusammenzuziehen.

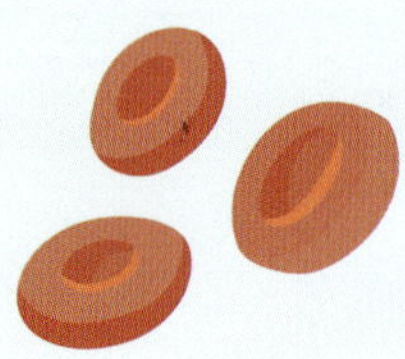

Rote Blutkörperchen
Sie können mit ihrer Donut-Form gut Sauerstoff binden.

Wie kommen wir hinein?

Stell dir eine Zelle wie einen Pfirsich vor. Die Pfirsichhaut ist die Zellmembran. Sie verhindert, dass die Zelle ausläuft, und lässt – wie ein Türsteher – nur Ausgewähltes wie Sauerstoff und Nährstoffe herein. Das Fruchtfleisch ist das Zytoplasma: schleimiges Wasser, in dem kleine Spezialeinheiten schwimmen, die Organellen. Wie Organe haben die Organellen ihre eigenen Aufgaben und richtig viel zu tun! Manche erzeugen Energie, einige bauen Eiweiße und andere entfernen wie eine Müllabfuhr Giftstoffe aus der Zelle.

Ein Geheimcode im tiefsten Innern?

Im Kern stoßen wir auf 46 x-förmige Päckchen, die Chromosomen. Sie bestehen aus Desoxyribonukleinsäure, auch DNS oder englisch DNA genannt. Diese enthält den Bauplan für deinen Körper. Ein Computercode besteht aus 1 und 0, ein Menschencode aus C, G, T und A. Die Reihenfolge dieser chemischen Mini-Bausteine, den Basen, bestimmt alles – von deiner Haarfarbe bis zu deiner Fußlänge. Ein Stückchen DNA, das den Code für ein bestimmtes Merkmal enthält, heißt Gen.

Wer bekommt Mamas Nase?

Ei- und Samenzellen haben nur 23 Chromosomen. Bei deiner Zeugung sind die 23 Chromosomen deiner biologischen Mutter mit den 23 deines biologischen Vaters verschmolzen. Deshalb hast du 46 Chromosomen.
Ob deine Nase wie die von Mama, Papa oder ganz anders aussieht, ist Zufall, je nach Genmischung. Manche Gene setzen sich durch, sie sind dominant. Andere unterliegen, sie sind rezessiv. Da jede Ei- und Samenzelle eine unterschiedliche Genmischung trägt, können Geschwister verschieden aussehen.

BAUANLEITUNG FÜR DEINEN KÖRPER
Die DNA sieht aus wie eine aufgedrehte Strickleiter.

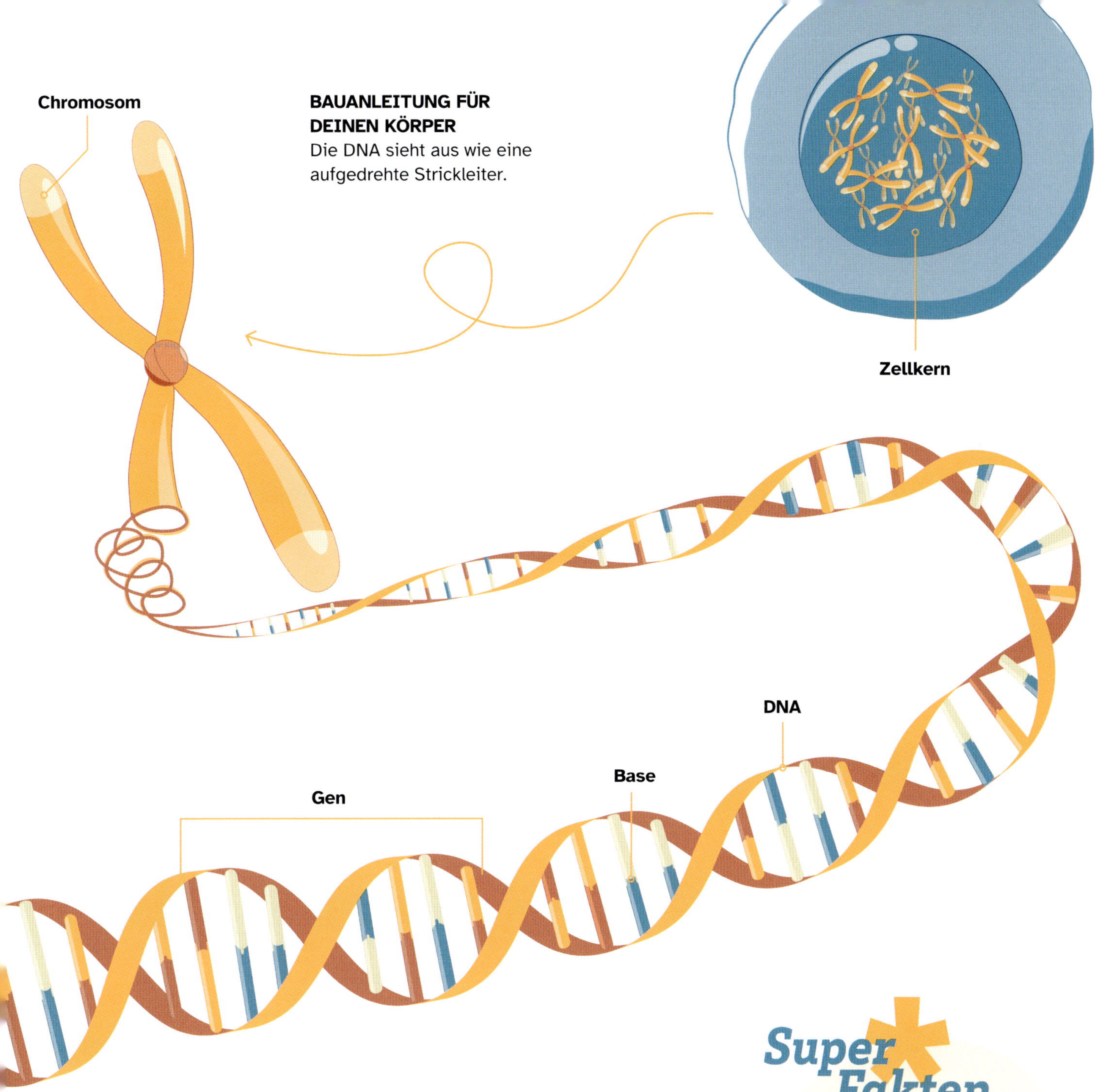

Mädchen? Junge? Kind!

Eines deiner Chromosomenpaare entscheidet über dein Geschlecht: die Mischung der beiden Geschlechtschromosomen X und Y. Hast du die Kombi XX, bist du genetisch ein Mädchen, bei XY ein Junge. Bei manchen Menschen sind die Gene oder die körperlichen Geschlechtsmerkmale nicht eindeutig männlich oder weiblich. Die Person ist intergeschlechtlich. Und manchmal sieht sich jemand mit XX als Junge und mit XY als Mädchen. Oder kann sich mit beiden oder keinem von beiden Geschlechtern identifizieren. Das heißt Transgender.

Super* Fakten

1 ***Überlebenskünstler***
Blut- und Hautzellen werden alle paar Wochen ersetzt, aber manche Nervenzellen behältst du **ein Leben lang**.

2 ***Genetischer Fingerabdruck***
Da deine **einzigartige DNA** in jeder Zelle ist, reicht ein Haar oder eine Hautschuppe, um dich zu identifizieren.

3 ***Jede Menge Gene***
Du hast etwa **20 000 Gene**! Brotschimmel hat die Hälfte, und Kugelfische haben doppelt so viele Gene wie du!

Von einer Zelle zum Baby

Wachsen im Schnelldurchlauf

In unserem Aussehen und unserer Art sind wir ganz verschieden. Und doch war unser Start gleich, denn wir alle sind aus einer Eizelle und einer Samenzelle entstanden.

1 *Los geht's*

Deine Entstehung beginnt: Eine Samenzelle deines biologischen Vaters verschmilzt mit der Eizelle deiner biologischen Mutter. Meist geschieht das durch Sex.

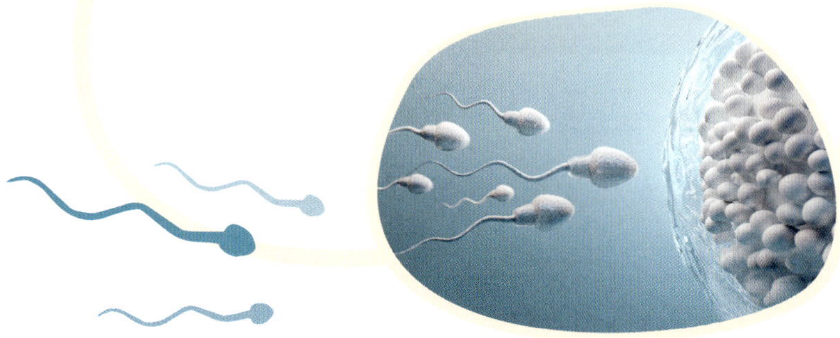

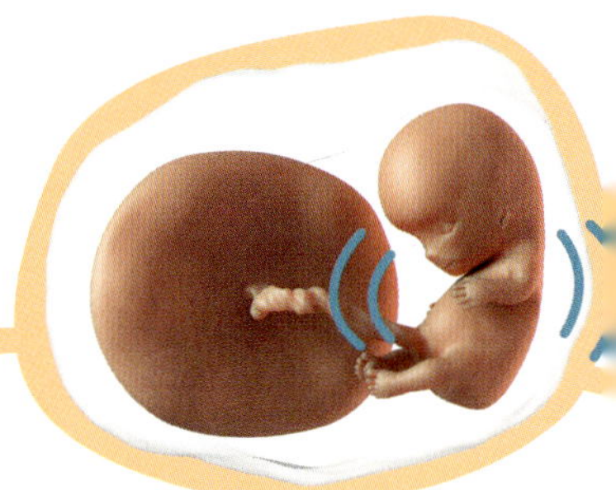

5 *Woche 10 – Alles da*

Alle Organe sind vorhanden, und du kannst sogar schon mit deinen winzigen Armen und Beinen wackeln.

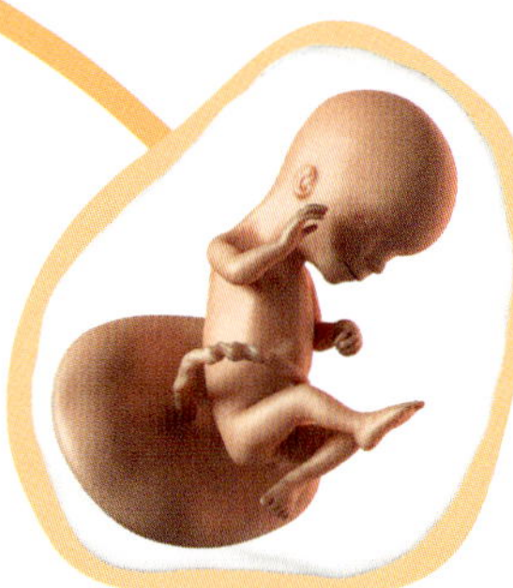

6 *Woche 16 – Noch ist Platz*

Du turnst im Fruchtwasser herum, atmest es ein und schluckst es. Denn alles muss trainiert werden.

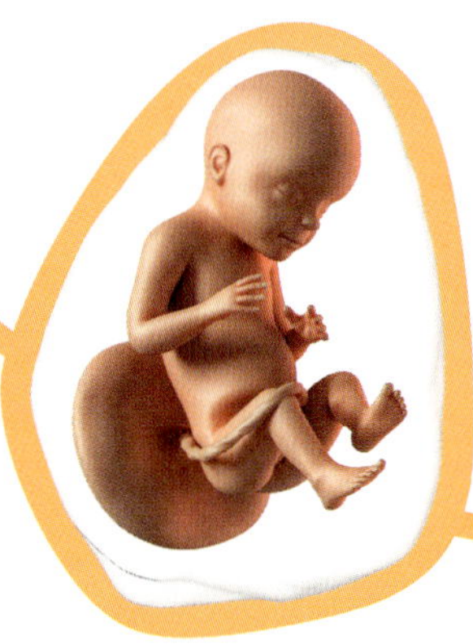

7 *Woche 28 – Es wird eng*

Alles, was deine Mutter isst, schmeckst du. Du kannst jetzt auch Blut bilden, deine Augen öffnen und so doll treten, dass man es von außen spüren kann.

mhhh...

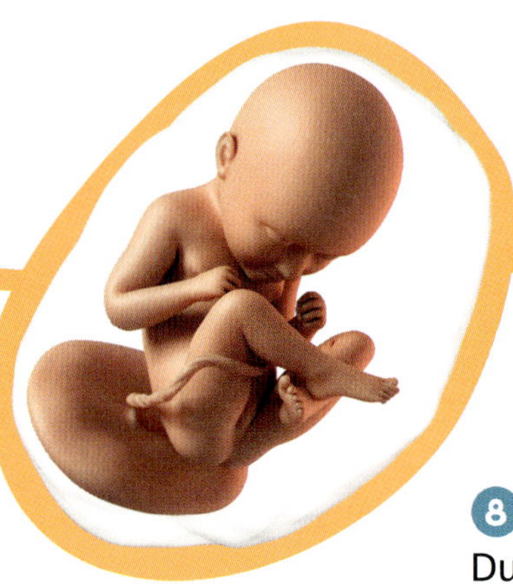

8 *Woche 35 – Bereit machen!*

Du machst vermutlich Kopfstand, denn mit dem Kopf voran geht es am leichtesten nach draußen. Dein Abwehrsystem und deine Lunge sind schon bereit.

Eineiig oder zweieiig?

Trennt sich die Eizelle nach der Befruchtung in zwei Zellhäufchen, wachsen eineiige Zwillinge mit den gleichen Genen heran. Sie sehen sich sehr ähnlich. Werden zwei Eizellen von zwei Spermien befruchtet, entwickeln sich zweieiige Zwillinge. Sie sehen sich nicht ähnlicher als andere Geschwister.

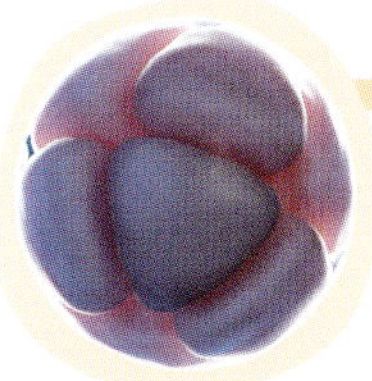

2 ***Teilen und wachsen***
Ab jetzt wächst du, indem sich die Zellen teilen. Vom Zweizeller zum Vierzeller und immer weiter. Später werden die Zellen zu Organen.

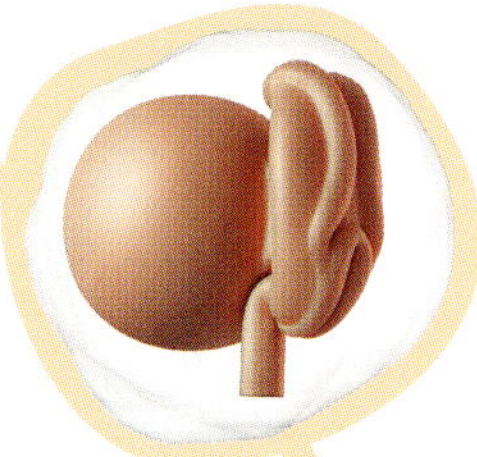

3 ***Woche 4 – Du bist ein Embryo***
Über die Nabelschnur bist du mit der gut durchbluteten Gebärmutterwand, der Plazenta, verbunden. Darüber bekommst du Nährstoffe und Sauerstoff von deiner Mutter. Du treibst in einem Mini-Schwimmbad, der Fruchtblase.

4 ***Woche 6 – Poch-Poch***
Rund zwei Wochen später hast du kleine Stummel für Arme und Beine. Aber das Tollste ist: Dein Herz schlägt bereits!

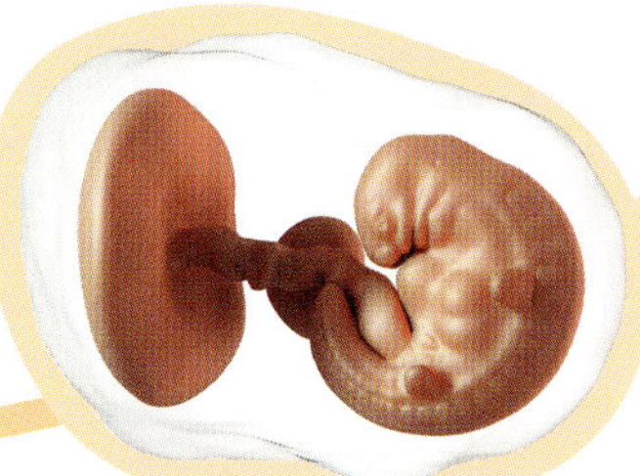

9 ***Woche 40 – Und Start!***
Bei der Geburt zieht sich die Gebärmutter regelmäßig zusammen und drückt dich nach draußen. Manchmal ist es besser, wenn das Baby durch einen Schnitt am Bauch der Mutter auf die Welt kommt. Egal, wie du gezeugt oder geboren wurdest, herausgekommen ist ein wunderbarer Mensch: du.

im Gehirn?

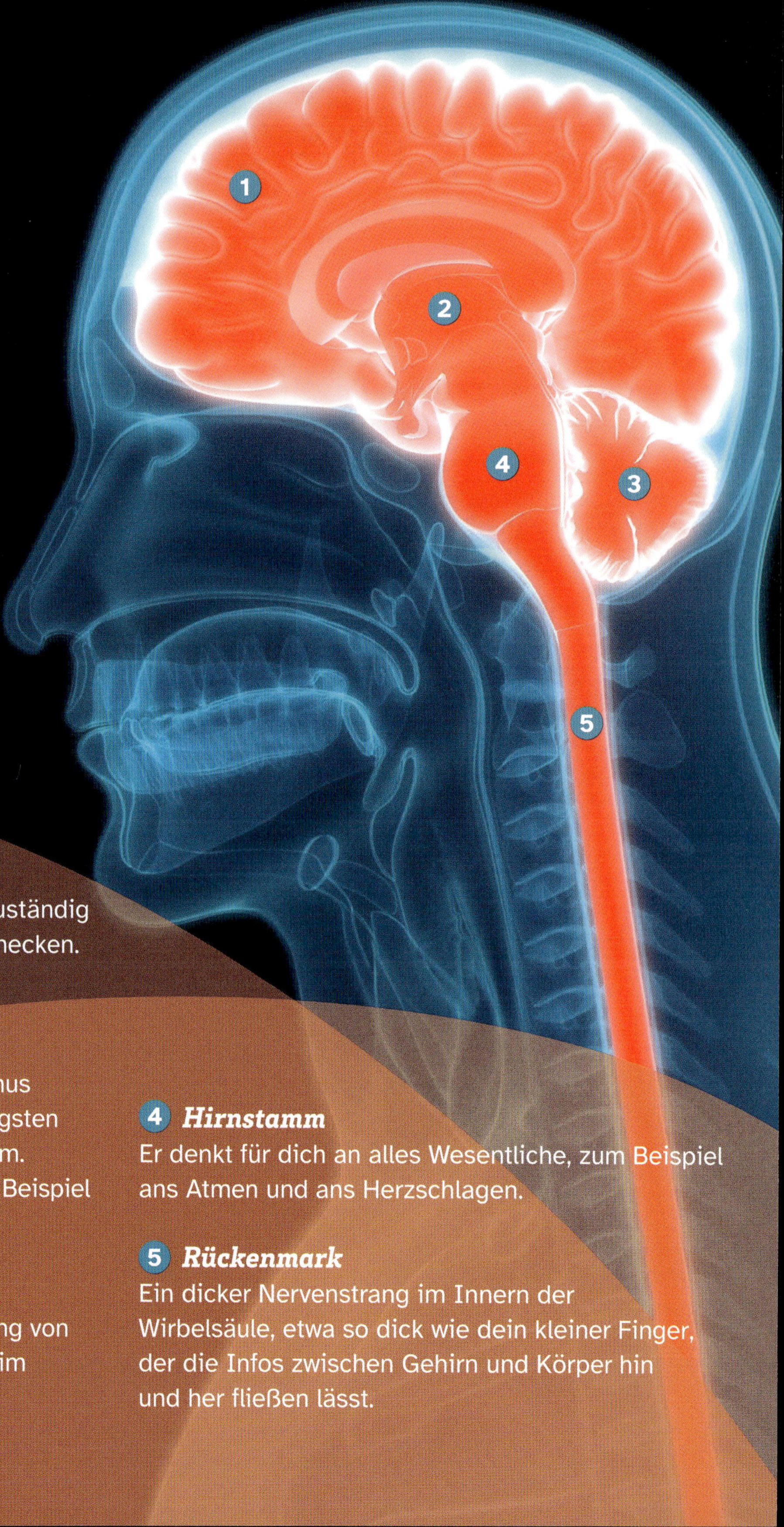

1 *Großhirn*
Als größter Hirnteil ist es unter anderem zuständig fürs Denken, Sprechen, Bewegen und Schmecken. Ein echtes Allround-Talent.

2 *Zwischenhirn*
Es besteht aus mehreren Teilen: Der Thalamus filtert, welche Sinnesreize gerade am wichtigsten sind: die volle Blase oder der spannende Film. Hypothalamus und Hypophyse steuern zum Beispiel Schlaf, Wachstum oder Gefühle.

3 *Kleinhirn*
Seine Hauptaufgabe ist die Feinabstimmung von Bewegungen – dein bester Verbündeter beim Schwimmen und Radfahren.

4 *Hirnstamm*
Er denkt für dich an alles Wesentliche, zum Beispiel ans Atmen und ans Herzschlagen.

5 *Rückenmark*
Ein dicker Nervenstrang im Innern der Wirbelsäule, etwa so dick wie dein kleiner Finger, der die Infos zwischen Gehirn und Körper hin und her fließen lässt.

Alles unter Kontrolle!

Direkt nach deiner Geburt kannst du atmen, trinken, schreien und vieles mehr. Aber warum klappt das alles einfach so? Wer steuert das? Dafür schlüpfen wir in deinen Schädel und werfen einen Blick auf ein Organ, das aussieht wie eine riesige grauweiße Walnuss: dein Gehirn.

Sag mal …

Ella, 10 Jahre

»Warum kann ich mich eigentlich nicht daran erinnern, was ich vor drei Wochen zu Mittag gegessen habe?«

»Neue Erfahrungen verdrängen ältere Informationen, die für uns unwichtig sind.«

Macht dein Gehirn auch mal Pause?

Dein Gehirn besteht aus zwei Hälften, die durch einen Balken aus Nervenfasern verbunden sind. Die linke Hirnhälfte steuert deine rechte Körperseite und andersherum. Kneif mal dein linkes Auge zu. Dieser Bewegungsbefehl an deine Augenmuskeln stammt aus deiner rechten Großhirnhälfte. Pause haben die anderen Hirnbereiche aber nicht, denn gleichzeitig hörst und siehst du etwas, denkst und erinnerst dich, atmest und verdaust. Alles läuft gleichzeitig. Daher verbraucht dein Gehirn die meiste Energie deines Körpers.

Arbeiten unsere Gehirne alle gleich?

Wir sind nicht nur von außen verschieden, auch unsere Gehirne arbeiten unterschiedlich. Manchen fällt alles leicht, was mit Zahlen zu tun hat. Andere lieben Kunst oder Musik. Manche lernen schnell, andere langsam. Einige fühlen sich in Menschengruppen am wohlsten, andere sind lieber allein. Nichts davon ist richtig oder falsch. Jedes Gehirn ist einzigartig, und das ist gut so.

So geht Lernen!

Beim Lernen stärkst du die Verbindungen zwischen bestimmten Nervenzellen. Durch Wiederholung werden diese Trampelpfade gefestigt. Beim nächsten Mal fällt dir eine Aufgabe schon leichter. Bei jungen Menschen entstehen neue Verknüpfungen schneller. Daher ist es für dich meist leichter, eine Fremdsprache zu lernen, als für einen Erwachsenen.

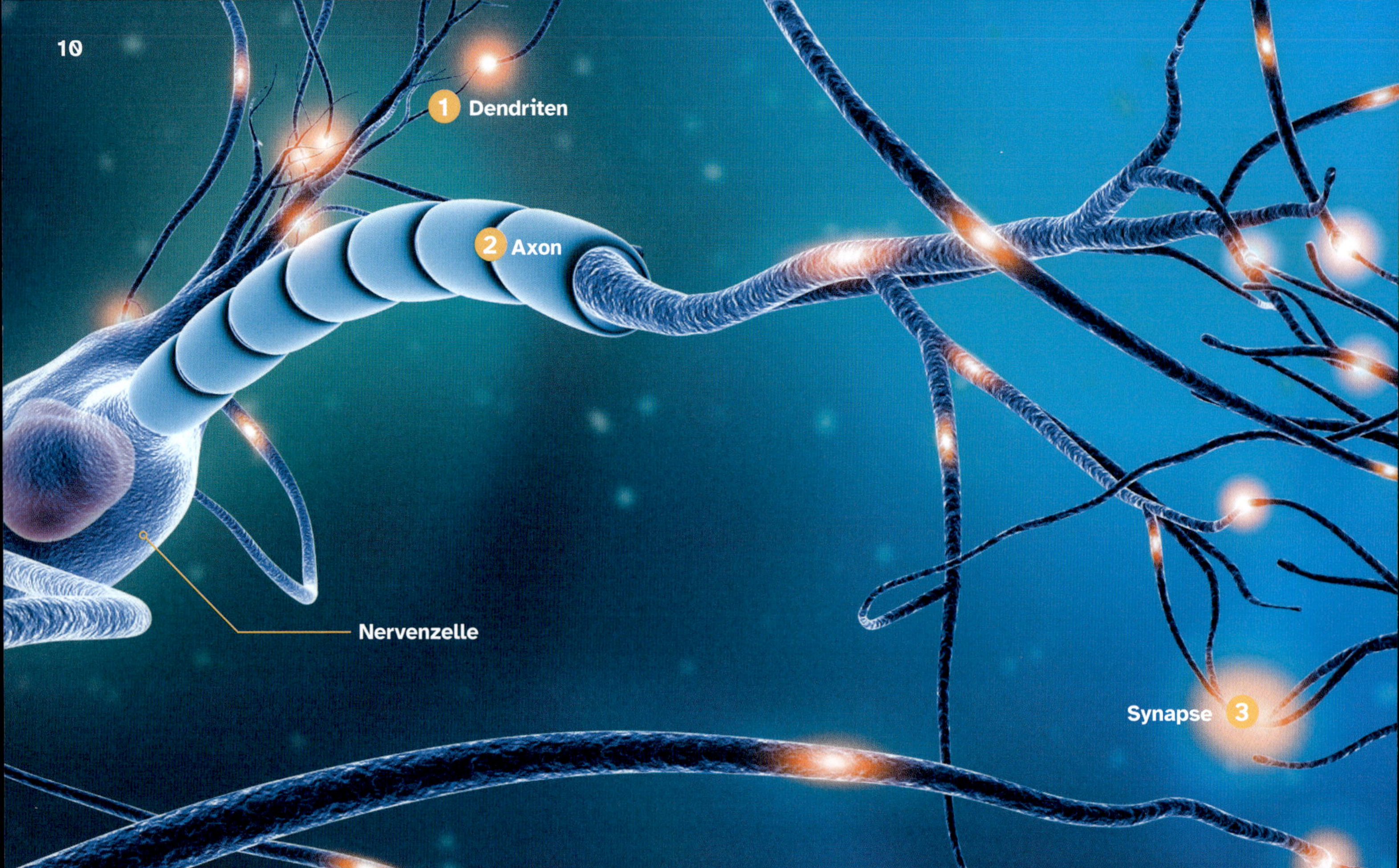

In deinem Gehirn gibt es fast 100 Milliarden Nervenzellen, viel mehr als Sandkörnchen in einem Sandkasten.

Milliarden Geistesblitze

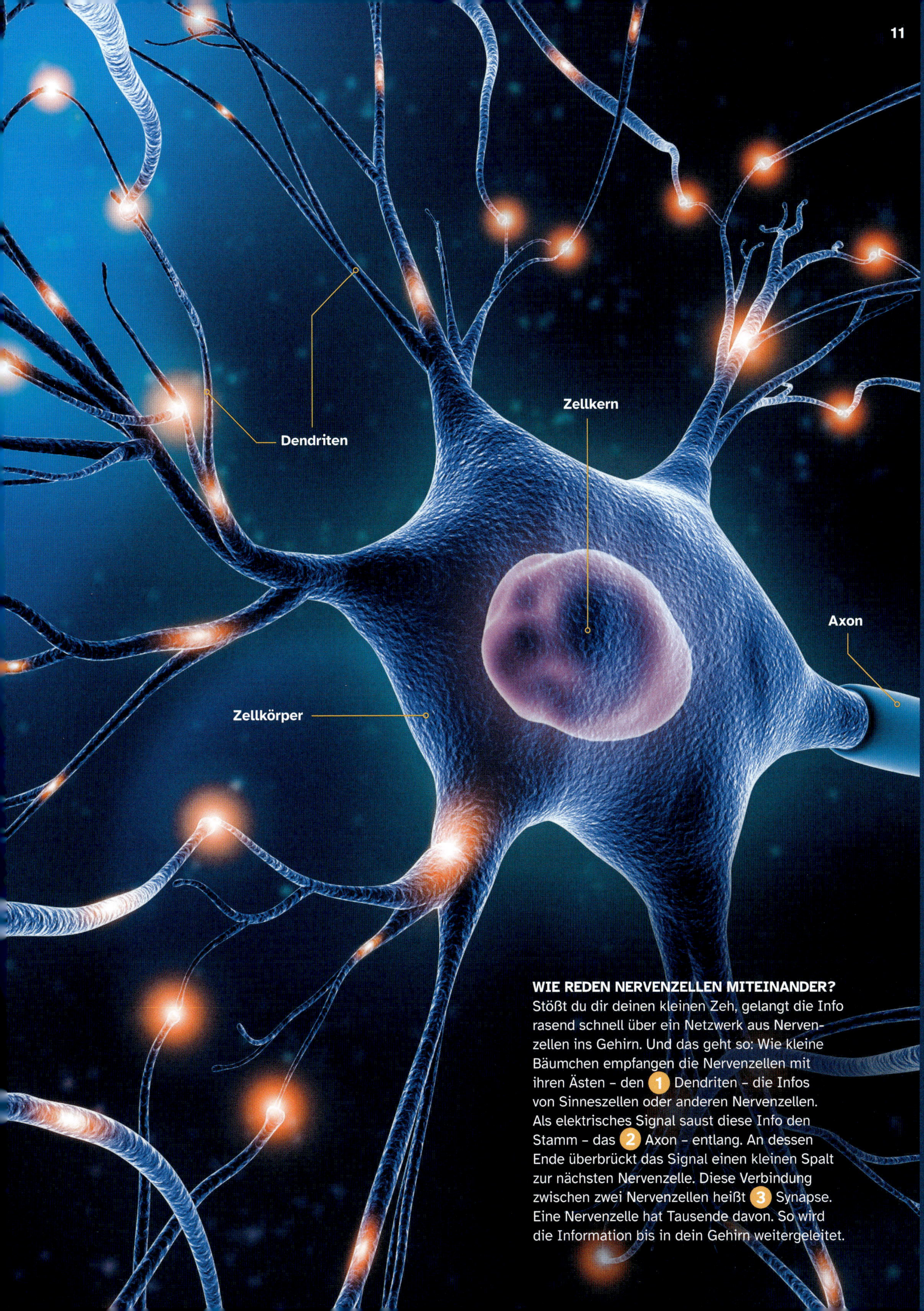

WIE REDEN NERVENZELLEN MITEINANDER?
Stößt du dir deinen kleinen Zeh, gelangt die Info rasend schnell über ein Netzwerk aus Nervenzellen ins Gehirn. Und das geht so: Wie kleine Bäumchen empfangen die Nervenzellen mit ihren Ästen – den (1) Dendriten – die Infos von Sinneszellen oder anderen Nervenzellen. Als elektrisches Signal saust diese Info den Stamm – das (2) Axon – entlang. An dessen Ende überbrückt das Signal einen kleinen Spalt zur nächsten Nervenzelle. Diese Verbindung zwischen zwei Nervenzellen heißt (3) Synapse. Eine Nervenzelle hat Tausende davon. So wird die Information bis in dein Gehirn weitergeleitet.

Alles ferngesteuert!

Wie dich Nerven und Hormone lenken

Vierte Stunde Mathe: Du hast Hunger, musst aufs Klo und dein Fuß ist eingeschlafen. Aber: Woher weißt du das eigentlich? Wie kommt die Info von Magen, Blase und Fuß in dein Gehirn? Und wie kannst du dich anders hinsetzen, essen und aufs Klo gehen? Das alles läuft über ein schlaues Steuersystem zwischen Gehirn und Körper: Nerven und Hormone.

LECKER!
Vom Hungergefühl übers knackige Draufbeißen bis zum fruchtigen Geschmack – all das wird über Hormone und Nerven vermittelt.

Eine Schnellstraße für Informationen

Dein Gehirn geht nach unten ins Rückenmark über, einen dicken Strang aus Nervengewebe. Von dort ziehen Nerven als feine Fäden an jede Stelle deines Körpers. Setzt du dich in etwas Nasses, leiten die Nerven von deinem Po die Information zum Rückenmark und weiter ans Gehirn. Das Hirn gibt wiederum den Befehl »Aufstehen!« über Rückenmark und Nerven an die Muskeln deiner Beine. Du springst auf.

Du kannst nicht alles steuern

Klar, du kannst bestimmen, ob du mit dem Fuß wackelst oder schreist. Aber manche Nerven arbeiten eigenständig, zum Beispiel die, die Darm- und Herzmuskeln steuern. Daher heißen diese Nerven unbewusstes oder autonomes Nervensystem. Auch Reflexe geschehen automatisch. Berührst du einen heißen Topf, ziehst du die Hand sofort weg. Diese Bewegung steuert dein Rückenmark, ohne vorher dein Hirn um Erlaubnis zu fragen.

Fernsteuerung übers Blut

Außer über die Nerven steuert dein Gehirn deinen Körper noch über einen anderen Weg: mit Hormonen. Dein Gehirn, genauer gesagt Hypothalamus, Hypophyse und Epiphyse, geben diese Botenstoffe ans

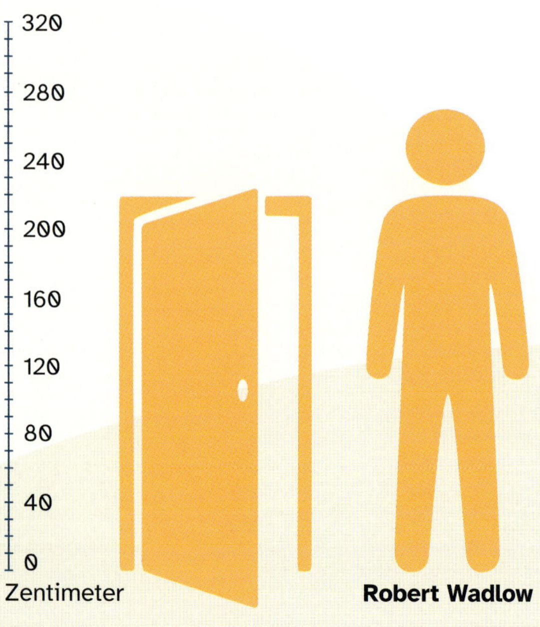

HORMON-HOCH
Der Amerikaner Robert Wadlow gilt als größter Mensch, der je gelebt hat. Durch eine Überproduktion von Wachstumshormonen erreichte er eine Größe von 2,72 Meter.

ECHT NERVIG!

Zellschnell
Mit 430 Kilometern pro Stunde leiten die schnellsten Nerven Informationen weiter – schneller als jeder Rennwagen.

Hirnfrost
Ein leckeres Eis oder eiskaltes Getränk! Und dann? Ein stechender Kopfschmerz! Er entsteht vermutlich durch eine kurzzeitig veränderte Hirndurchblutung und ist harmlos.

Kribbelfüße
Dir ist bestimmt schon mal der Fuß eingeschlafen. Dabei wird ein Nerv abgedrückt. Ist er wieder frei, sendet er erst mal ein Signal-Chaos ans Gehirn.

Blut ab. Die Zielorgane wissen dann genau, was sie zu tun haben. Sie geben ihrerseits Hormone ab, die dem Hirn melden: Auftrag erledigt. Das nennt man Regelkreis.

Welche Aufgaben haben Hormone?

Über 50 Hormone kreisen im Körper. Sie beeinflussen deine Gefühle und halten dein Körperinneres im Gleichgewicht. Schilddrüsenhormone regeln die Körperwärme und Energie, Adrenalin und Noradrenalin versetzen dich bei Stress in Leistungsbereitschaft. Und Wachstumshormone – na ja, das kannst du dir denken. Störungen im Hormonsystem können Erkrankungen auslösen.

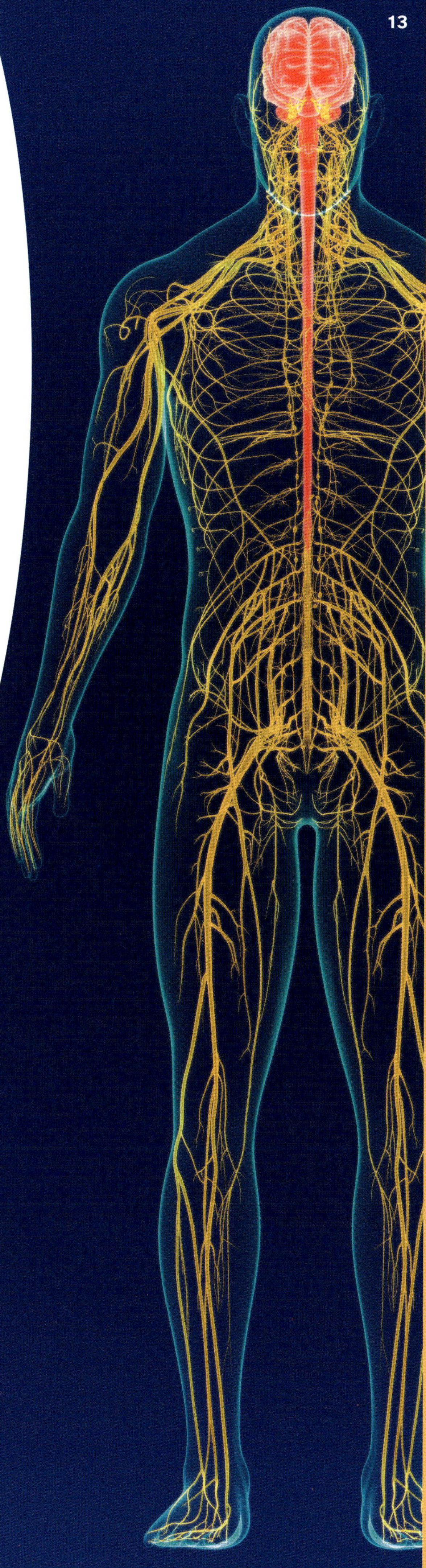

EIN NETZ AUS NERVEN
Gemeinsam mit dem Rückenmark bildet das Gehirn das zentrale Nervensystem (rot). Von dort aus ziehen sich Nerven wie ein Netz durch deinen Körper und bilden das periphere Nervensystem (gelb).

Alles verschieden, alles normal

Dein Körper – deine Grenzen

Die Pubertät beginnt bei Mädchen meist zwischen neun und elf, bei Jungen zwischen 10 und 15 Jahren. Das ist so etwas wie die Umbauphase vom kindlichen zum erwachsenen Körper. Der Beginn und das Tempo der Pubertät sind bei jedem anders, genauso wie das Aussehen der Geschlechtsorgane. Lass dich nicht verunsichern.

Viel Gefühl

Ein Auf und Ab der Gefühle ist in der Pubertät keine Seltenheit. Freunde werden wichtiger, und vielleicht verliebst du dich das erste Mal: Du wirst merken, ob du mehr auf Mädchen, Jungen oder beide stehst. Alles ist gut, auch sich gar nicht zu verlieben. Für körperliche Berührungen oder Küsse gilt immer: dein Körper, deine Grenzen. Lass dich zu nichts drängen, bei dem du dich nicht wohlfühlst.

Sag mal ...

Noah, 12 Jahre

»Warum kribbelt Verliebtsein im Bauch?«

»Im Darm gibt es viele Nervenzellen, die eng mit dem Gehirn verbunden sind. Bei Aufregung spürst du diese Verbindung, von Vorfreude bis Prüfungsangst.«

Gefühle sind wichtig!

Unterdrücke sie nicht. Wenn du dich aber über lange Zeit traurig, aufgewühlt oder ängstlich fühlst, sprich mit einem Erwachsenen, dem du vertraust. Es gibt auch Expertinnen und Experten, die dir weiterhelfen können, und ein anonymes kostenloses Sorgentelefon (116 111, nummergegenkummer.de).

SCHMETTERLINGE IM BAUCH
Das Frisch-verliebt-Gefühl kann ziemlich überwältigend sein!

Einmal Umbau für alle

In der Pubertät wächst du richtig schnell, dir sprießen Haare in den Achselhöhlen und an den Geschlechtsorganen. Auch Pickel, fettige Haare und ein leichtes bis starkes Müffeln unter den Achseln können dich in der Pubertät begleiten, egal welches Geschlecht du hast. Aber es gibt auch Umgestaltungen deines Körpers, die eher typisch Mädchen oder typisch Junge sind. Und die schauen wir uns auf der nächsten Seite mal genauer an.

AHA

Gönn dir Schlaf!

Nachts legt dein Körper noch mal richtig los: Er speichert Gelerntes im Gedächtnis, stärkt deine Körperabwehr, schüttet Wachstumshormone aus und tankt neue Kraft für den Tag. Das alles ist so wichtig, dass du etwa ein Drittel deines Lebens verschläfst.

Vom Kind zum Erwachsenen

Ansturm der Geschlechtshormone

Meist bemerkst du die Arbeit deiner Hormone nicht. Aber in der Pubertät nimmst du sie ziemlich stark wahr. In dieser Zeit produzierst du vermehrt Geschlechtshormone: als Mädchen vor allem Östrogen, als Junge Testosteron.

Was passiert bei Jungen?

In der Pubertät wachsen bei Jungen nicht nur Penis, Hoden und Körperhaare, auch Kehlkopf und Stimmbänder werden deutlich größer als bei Mädchen. Etwa in der Mitte der Pubertät beginnen die Hoden damit, Samenzellen (Spermien) zu produzieren. Kurze Zeit später kommt es zum ersten Samenerguss (Ejakulation). Dabei verlässt etwas weiße Samenflüssigkeit den Penis. Ab jetzt kann ein Junge Kinder zeugen, wenn seine Samenzellen mit einer weiblichen Eizelle verschmelzen.

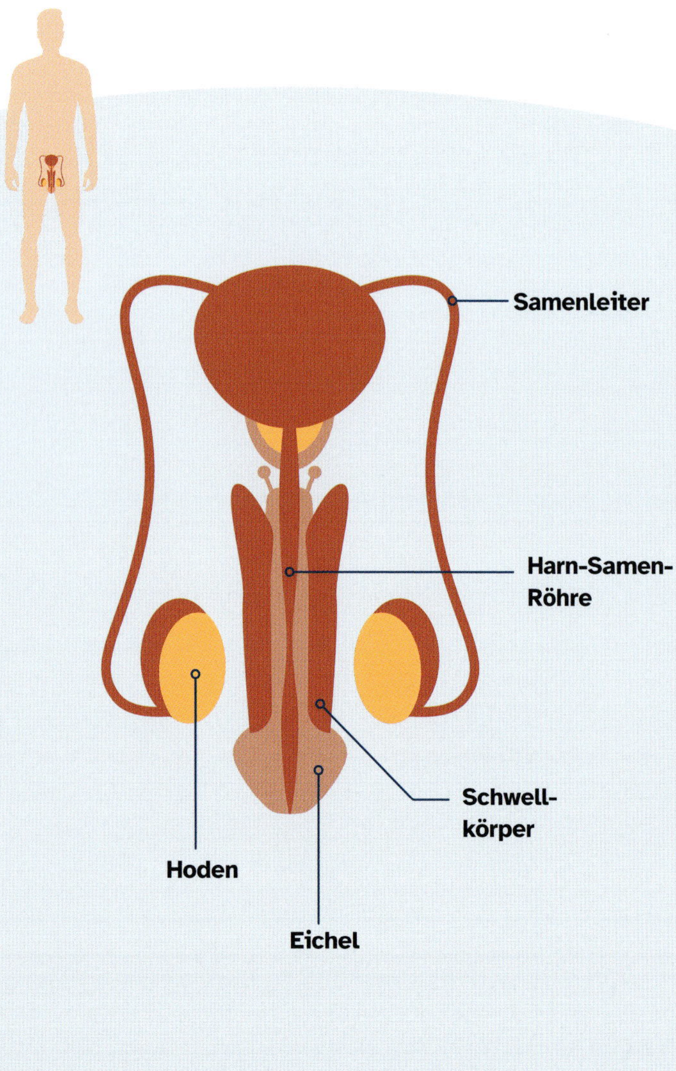

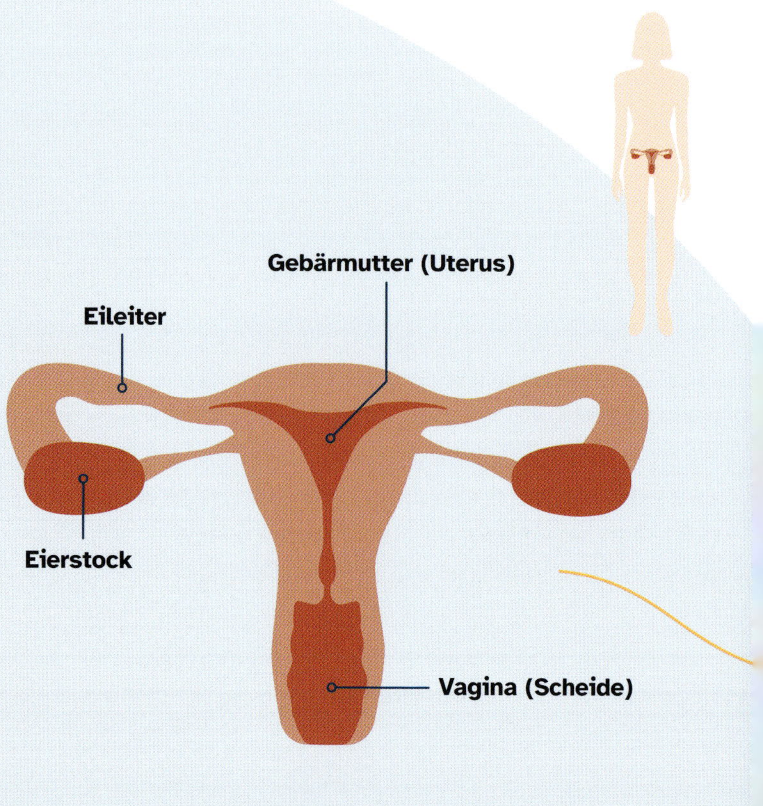

Was möchtest du wissen?

Tut es weh, die Periode zu haben?
Einige Mädchen und Frauen haben während der Periode Bauch-, Rücken- oder Kopfschmerzen. Manchen hilft Bewegung, anderen Wärmflasche, Tee oder Tabletten. Viele spüren aber nur ein leichtes Ziehen oder auch gar nichts.

Was bedeutet verhüten?
Beim Sex können Samenzellen aus dem Penis in die Vagina gelangen. Um zu verhindern, dass die Frau schwanger wird, müssen beide verhüten. Zum Beispiel mit einem Kondom: eine dünne Gummihülle, die man über den Penis zieht. Oder mit einer Hormonpille, die die Frau ganz regelmäßig einnimmt.

Warum bekomme ich Pickel?
In der Pubertät regen Androgene – das sind Hormone – die Talgdrüsen in der Haut zur vermehrten Fettproduktion an. Das kann zu Pickeln führen, ist normal und heißt nicht, dass du dich zu wenig wäschst. Gesunde Ernährung, wenig Stress und ein mildes Waschgel können helfen. Wenn nicht, hilft dir die Hautärztin oder der Hautarzt.

Wann bekomme ich den ersten Samenerguss?
Meist zwischen 10 und 15 Jahren, aber auch früher oder später ist es normal. Manche Jungen bekommen ihn zufällig im Schlaf, andere ganz bewusst durch Selbstbefriedigung.

Was passiert bei Mädchen?
Am Anfang der Pubertät wachsen bei Mädchen meist die Brüste. Etwa zwei Jahre danach kommt es zur ersten Monatsblutung – auch Periode, Regel oder Menstruation genannt. Dabei passiert jeden Monat dasselbe: Eine Eizelle springt vom Eierstock in den Eileiter und wandert in die Gebärmutter. Dort bietet eine weiche, dicke Schleimhaut der Eizelle ein kuscheliges Nest, falls sie von einer männlichen Samenzelle befruchtet wird. Wird die Eizelle nicht befruchtet, löst sich die Schleimhaut ab und verlässt mit etwas Blut die Vagina.

WAS IST DIE VULVA?
Während die Vagina im Körperinnern liegt, bezeichnet man als Vulva alle äußerlich sichtbaren Teile: den Vaginaeingang, die Vulvalippen (Schamlippen) und die Klitoris (Kitzler). Dieser kleine Hügel ist wie die männliche Eichel besonders empfindlich für Berührungen.

Zu dick? Zu dünn?
Lass dich von den perfekten Körpern in Internet und Werbung nicht verunsichern. Unsere Körperformen sind ganz unterschiedlich: groß, klein, dick, dünn, gerade, schief. Alles ist normal und gut so. Auch ein Gewichts-Auf und -Ab in der Pubertät ist normal. Du baust Polster auf, die im nächsten Wachstumsschub verschwinden. Mach keine Diäten, dein Körper braucht die Nährstoffe. Achte lieber auf eine gesunde Ernährung und viel Bewegung. Sorgst du dich dennoch um deine Figur, rede mit deinen Eltern und frage deine Ärztin oder deinen Arzt um Rat.

Guck mal!

So funktionieren deine Augen

Stell dir vor, du bist im Freibad: Du spürst heiße Fliesen an deinen Füßen, hörst Lachen, riechst Sonnencreme, schmeckst Pommes und schaust vom Sprungbrett ins Wasser. Das alles nimmst du mit deinen Sinnen wahr, also dem Sehen, Fühlen, Hören, Riechen und Schmecken. Aber wie geht das? Fangen wir mit dem Sehen an.

Kopfstand im Auge

Jeder Gegenstand lässt Lichtteilchen an sich abprallen. Dieses Licht gelangt in dein Auge. Als Erstes trifft es auf die Hornhaut, die seine Flugbahn ablenkt. Dann saust es durch ein Loch – die Pupille – und wird erneut umgelenkt, diesmal von der Linse. Weiter geht's durch den Glaskörper, bis es auf der Rückseite des Auges auf die Netzhaut trifft. Hier erkennen die Sehzellen Form und Farbe des Gegenstands, von dem es kommt. Allerdings steht das Bild nun kopf. Weiter reist es als elektrisches Signal durch den Sehnerv zum Gehirn. Das dreht das Bild wieder um und erkennt es.

Super* Fakten

1 *Augenfarbe*
Etwa **acht von zehn** Menschen auf der Welt haben braune Augen.

2 *Schwarzes Loch*
Aus der Pupille dringt nur **wenig Licht** wieder nach außen. Daher sieht sie schwarz aus, so wie ein Schlüsselloch.

3 *Superkamera*
Dein Auge nimmt **Millionen kleinster Details** in einer wahnsinnigen Geschwindigkeit wahr – es braucht sich hinter keiner Kamera zu verstecken.

4 *Dreidimensional*
Dein rechtes und dein linkes Auge melden ein etwas **versetztes Bild** ans Gehirn. Die Infos werden zusammengeführt und ergeben ein räumliches Bild.

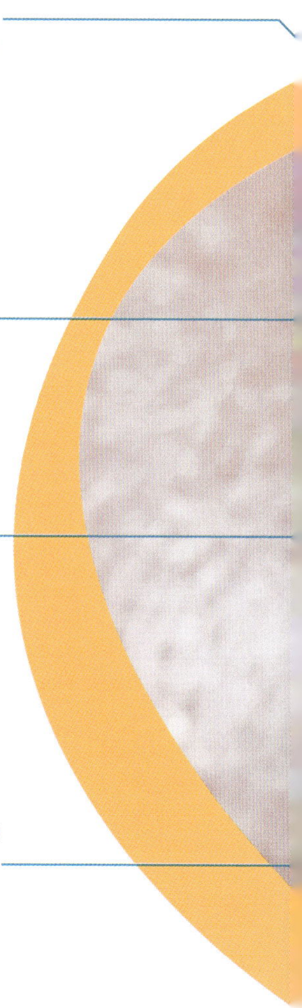

Hornhaut
Diese durchsichtige Kuppel bündelt die Lichtstrahlen und schleust sie ins Auge.

Pupille
Durch diese Öffnung fällt das Licht ins Auge. Bei Dämmerlicht ist sie groß, bei greller Sonne klein.

Regenbogenhaut (Iris)
Sie steuert die Weite der Pupille. Die Menge des Farbstoffs Melanin in ihr bestimmt deine Augenfarbe.

Ziliarmuskeln
Sie verlängern oder verkürzen sich und ändern so die Form der Linse.

Ich sehe was, was du nicht siehst

Viele Menschen sind kurzsichtig: Sie erkennen Dinge in der Ferne schlecht, zum Beispiel die Flugzeuge am Himmel. Andere sind weitsichtig. Sie haben Probleme, Dinge in der Nähe scharf zu sehen, zum Beispiel die Buchstaben in diesem Buch. Einige Menschen haben eine verkrümmte Hornhaut. Brillen oder Kontaktlinsen wirken dann wie eine zweite Linse, die die Sicht verbessert.

Klare Sicht? Gar nicht so klar

Manche Menschen schielen oder können Farben wie Rot und Grün nicht gut unterscheiden. Bei vielen wird im Alter die Linse unbeweglich. Diese Erkrankung heißt Grauer Star. Und einige Menschen sind blind: Sie sehen von Geburt an oder später durch Unfälle oder Krankheiten fast nichts oder gar nichts. Jeder zweite Mensch in Europa hat eine Sehschwäche. Perfekt zu sehen ist also gar nicht selbstverständlich.

OPTISCHE TÄUSCHUNG
Starke Kontraste und sich wiederholende Muster verwirren dein Gehirn. Es vermutet eine Bewegung, wo keine ist.

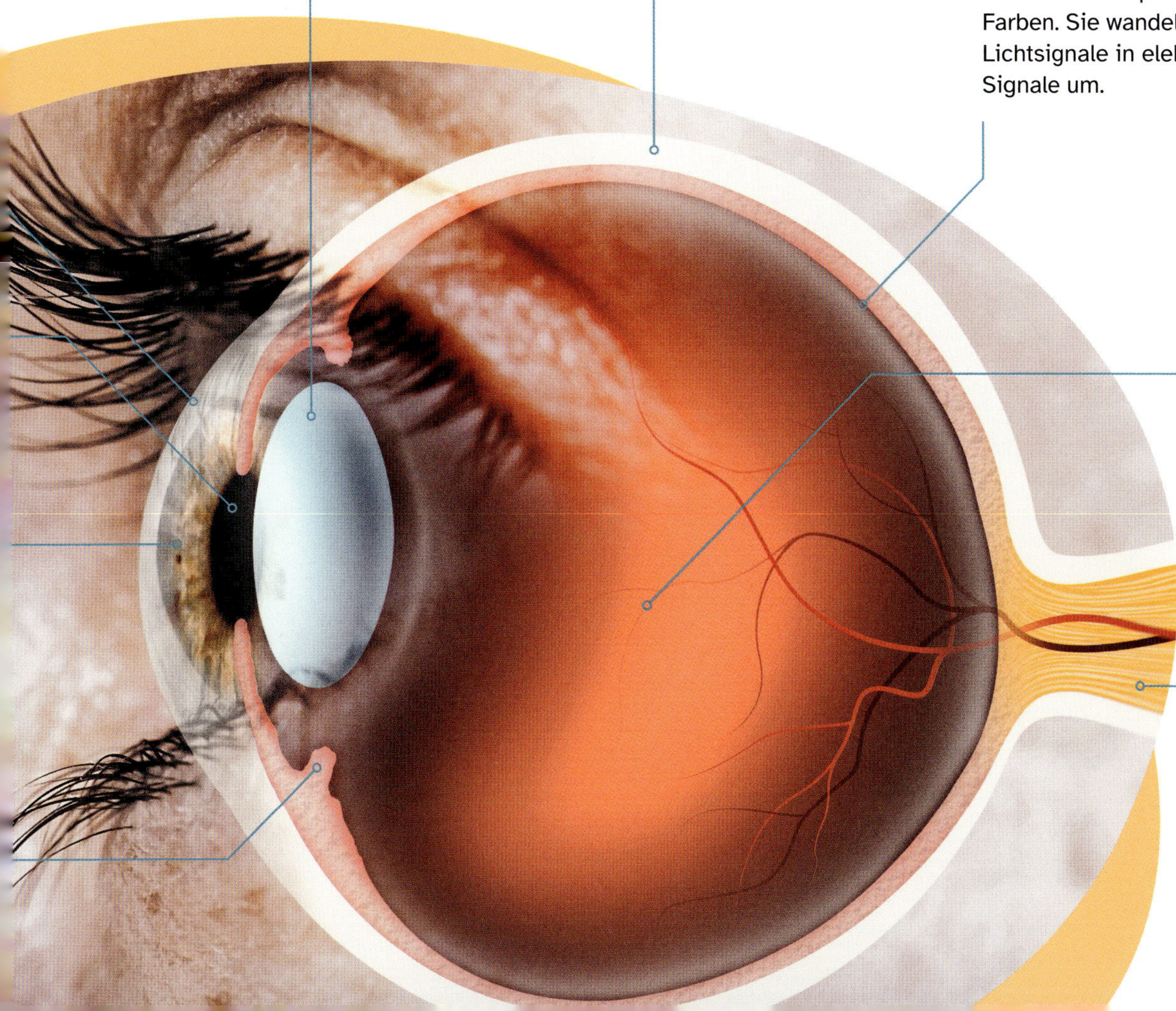

Fingerspitzen und Ohren spitzen

Wie kannst du tasten und hören?

Um das weiche Fell einer Katze zu spüren oder deinem Lieblings-Song zu lauschen brauchst du zwei weitere Sinne: den Tastsinn und das Gehör.

Von »Au!« bis »Ohhh!«

In deiner Haut sitzen Millionen kleiner Fühler. Über Nerven sind sie mit deinem Gehirn verbunden. Manche reagieren auf Wärme oder Kälte, andere auf Berührung, Erschütterung, Druck oder Schmerz. Sie warnen dich vor spitzen Dornen, informieren dich, ob das Wasser im Meer Badetemperatur hat, und lassen dich das weiche Fell einer Katze spüren. Am feinsten tasten kannst du mit Fingern, Lippen und Zunge. Dort sitzen die meisten Tastzellen.

Tastbare Blindenschrift

Viele blinde Menschen können die Braille-Schrift lesen. Sie ertasten gewölbte Punkte mit ihren Fingerspitzen. Sechs Punkte stehen für einen Buchstaben. Du kannst diese Schrift zum Beispiel auf den Verpackungen von Medikamenten erfühlen.

Deutsch (Deutschland)

Englisch (Großbritannien)

Spanisch (Mexiko)

GEBÄRDEN-SPRACHE
Viele gehörlose Menschen können sich über Handbewegungen und Gesichtsausdrücke unterhalten. Jedes Land hat seine eigene Sprache. Hier siehst du verschiedene Gebärden für Hallo.

WIE KOMMT DEIN LIEBLINGS-SONG INS OHR?

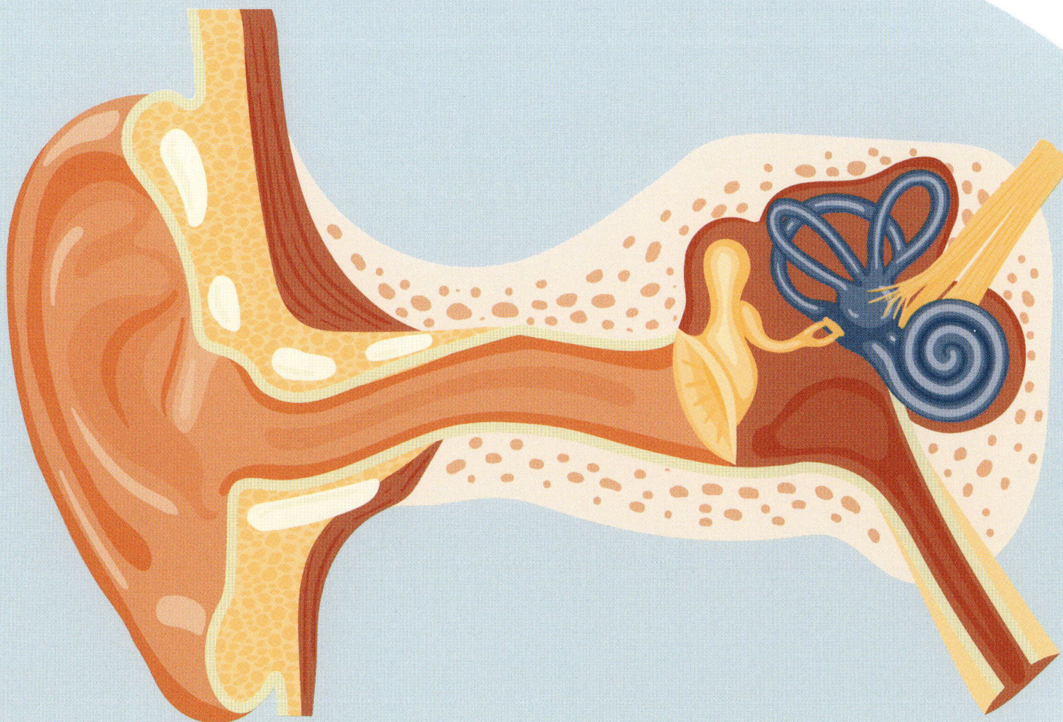

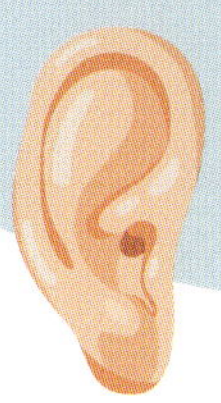

1. AUSSENOHR

Eine Schallwelle dröhnt aus einem Lautsprecher. Die Ohrmuscheln fangen sie ein und leiten sie durch den äußeren Gehörgang weiter, bis sie auf ein feines Häutchen prallt: das Trommelfell. Die Schallwelle bringt es zum Schwingen.

2. MITTELOHR

Das Trommelfell überträgt diese Schwingung auf drei Gehörknöchelchen: Hammer, Amboss und Steigbügel. Sie geben die Schwingung über ein ovales Fenster ans Innenohr weiter.

3. INNENOHR

Hier setzt die Schwingung die Flüssigkeit in der Gehörschnecke in Bewegung: Sie erzeugt eine Welle. Die winzigen Haarzellen in der Schnecke wandeln diese Welle in ein elektrisches Signal um und leiten es über den Hörnerv ans Gehirn.

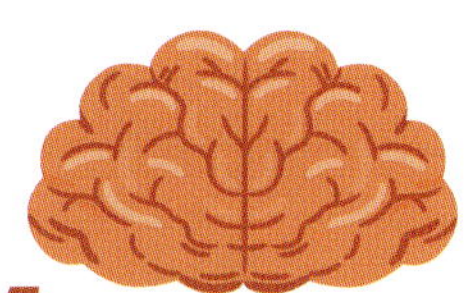

4. GEHIRN

Das Gehirn kann die Signale aus Schwingung und Lautstärke von dieser Schallwelle nun auswerten und erkennt: Ah, dein aktueller Lieblings-Song!

KUSCHELN, BITTE!
Berührungen können beruhigen und glücklich machen. Dabei werden unter anderem entspannende Hormone ausgeschüttet.

Alles im Gleichgewicht?

Wie schaffst du es, auf einer Slackline zu balancieren? Oder im Karussell einen Drehwurm zu bekommen? Dafür brauchst du dein Gleichgewichtsorgan. Auch das liegt im Ohr. Die Bogengänge im Innenohr melden deinem Gehirn, ob du dich drehst, stehst oder zur Seite kippst, denn die Flüssigkeit in den drei Gängen fließt gegen kleine Haarzellen. Diese Zellen leiten die Info über einen Nerv ans Hirn weiter.

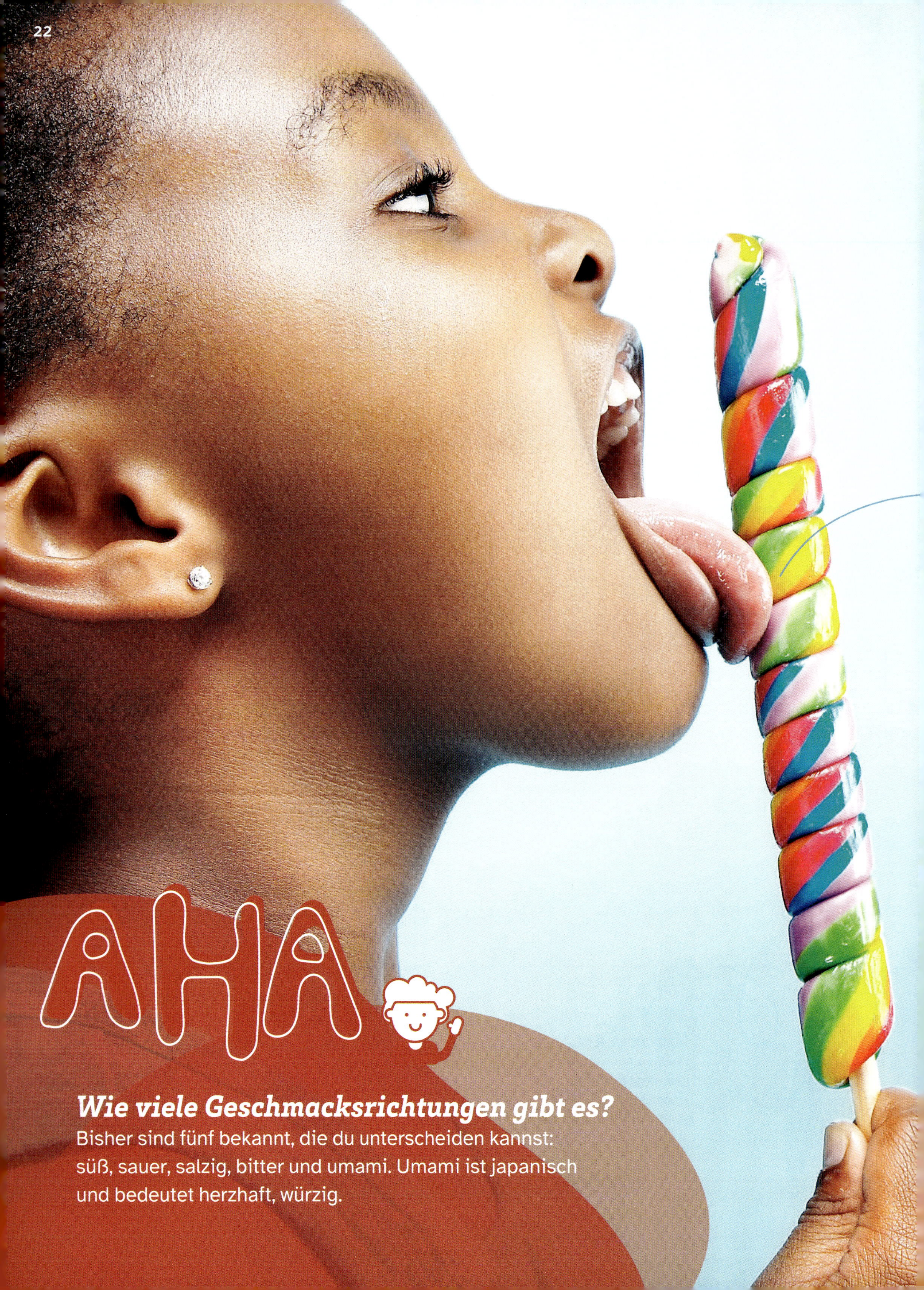

AHA

Wie viele Geschmacksrichtungen gibt es?

Bisher sind fünf bekannt, die du unterscheiden kannst: süß, sauer, salzig, bitter und umami. Umami ist japanisch und bedeutet herzhaft, würzig.

Ein tolles Team!

Zunge und Nase schmecken gemeinsam

Du kommst ausgehungert aus der Schule, öffnest die Wohnungstür und dir strömt leckerer Kuchenduft entgegen. Mund auf, Kuchen rein, hmmm. Aber warum schmeckt dir der Kuchen nicht so lecker, wenn du Schnupfen hast oder dir die Nase zuhältst?

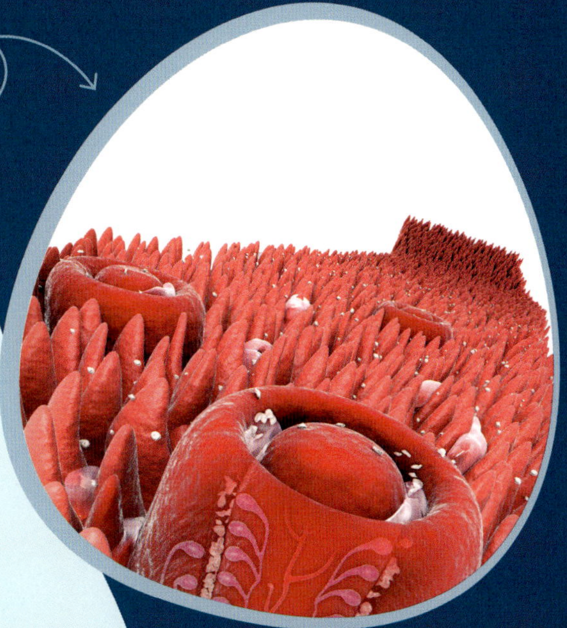

SO SIEHT DEINE ZUNGE AUS!
Was wie viele spitze Berge aussieht, sind die mechanischen Papillen, die du zum Tasten brauchst. Dazwischen liegen die großen runden Geschmackspapillen. Sie leiten die Geschmacksinfo an dein Gehirn.

Die grobe Richtung des Geschmacks

Deine Zunge hilft dir beim Sprechen und Schlucken. Aber auch beim Schmecken. Einige der Hubbel auf deiner Zunge sind die Geschmackspapillen. An ihrem Grund liegen die Geschmacksknospen. Die Sinneszellen darin leiten die Geschmacksinfos über Nerven an dein Gehirn weiter. Deine Zunge erkennt nur süß – aber woher weißt du, ob der Kuchen nach Zimt oder Vanille schmeckt?

Weiter geht's in die Nase

In deinen Nasenlöchern gibt es hauptsächlich Haare und Nasenschleim. Darin bleiben Staub und Keime hängen. So erreicht nur gereinigte, angewärmte und befeuchtete Luft deine empfindliche Lunge. Weiter hinten oben ist die Riechschleimhaut.

Die Feinabstimmung des Geschmacks

An der Riechschleimhaut bleiben winzige, schwebende Duftstoffe kleben, die beim Essen über den Rachen auch in die Nase gelangen. Das tun sie, weil Mund und Nase über den Rachen miteinander verbunden sind. Riechzellen erkennen Tausende Düfte und leiten sie ans Gehirn weiter. Dein Gehirn verknüpft die Infos aus Nase und Zunge und weiß: Aha, es gibt Schoko-Zimt-Kuchen! Bei Schnupfen funktioniert diese »Nasenhilfe« nicht – alles schmeckt ähnlich.

Super Fakten

1 *Zeitreise*
Gerüche sind eng **mit dem Gedächtnis** verknüpft. Ein spezieller Duft kann dich an jemanden erinnern, den du lange nicht gesehen hast.

2 *Bäh, Rosenkohl!*
Viele Kinder mögen den **bitteren Geschmack** nicht. Vielleicht ein Überbleibsel unserer Vorfahren, da viele giftige Pflanzen bitter schmecken.

Stark, leicht und lebendig

Knochen – viel mehr als totes Gerippe

Hast du dich zu Halloween schon einmal als Skelett verkleidet? Es steht für den Tod, sollte aber eher ein Symbol für das Leben sein. Denn deine Knochen machen einen echten Knochenjob und halten dich am Leben. Lass uns mal einen Blick auf die lebendigen Stützen deines Körpers werfen!

Leichtgewichte mit Spezialauftrag

Du hast mehr als 200 Knochen im Körper. Manche sind lang, andere kurz oder flach. Im Innern sind alle ähnlich: Eine Mischung aus zwei besonderen Baustoffen macht sie gleichzeitig biegsam und stabil: das elastische Eiweiß Kollagen und hartes Kalzium. Damit sie nicht zu schwer werden, haben sie innen kleine Hohlräume wie ein Schwamm. Darin befindet sich Knochenmark, und das hat eine wichtige Aufgabe: Es bildet deine Blutzellen.

IM INNERN ...
... sehen Knochen aus wie Luftschokolade: Eine hohle Balkenstruktur macht sie leicht und federt Stöße ab.

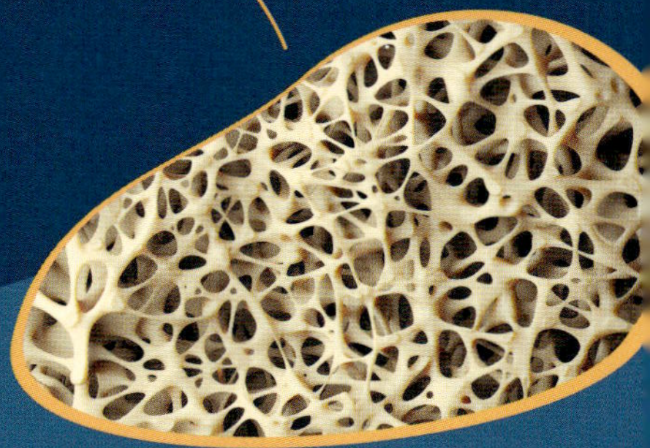

Von wegen totes Skelett!

Knochen bestehen aus lebenden Zellen. Über Blutgefäße werden sie mit Nahrung und Sauerstoff versorgt. Die Osteoblasten sind ständig mit dem Aufbau von Knochengewebe beschäftigt, die Osteoklasten mit dem Abbau. Dadurch werden deine Knochen andauernd erneuert. Etwa alle zehn Jahre sind sie komplett ausgetauscht.

RÖNTGENBILD
Ein gebrochener Knochen wächst meist innerhalb von 6 Wochen wieder zusammen. Damit alles gerade wird, kann man ihn zum Beispiel eingipsen, nageln oder schrauben.

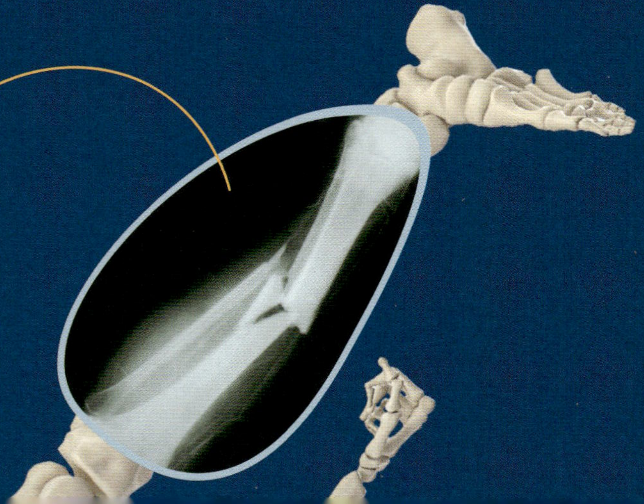

Oberschenkelknochen
Er ist der längste Knochen in deinem Körper.

Beckenknochen
Sie geben dir einen sicheren Stand und schützen Blase, Darm und innere Geschlechtsorgane.

Gelenke
Sie verbinden zwei Knochen. Bänder geben Halt, Gelenkschmiere und Knorpel verhindern ein Kaputtreiben.

Schädelknochen
Dein Schädel besteht aus etwa 22 Knochen. Sie schützen dein Gehirn und formen dein Gesicht.

Schon ausgewachsen?

Am Ende deiner Knochen befinden sich die Wachstumsfugen. Dort wird ständig neu angebaut, dein Knochen wächst. Wenn am Ende der Pubertät weniger Wachstumshormone ausgeschüttet werden, verschließen sie sich. Dann bist du ausgewachsen. Am Röntgenbild deiner linken Hand kann man herausfinden, wie weit die Wachstumsfugen schon verschlossen sind, also wie weit du noch vom »Ausgewachsensein« entfernt bist.

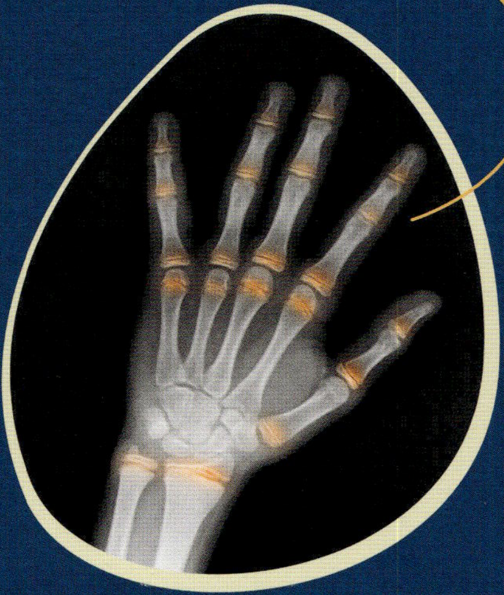

Brustkorb
Zwölf Rippenpaare, das Brustbein und ein Teil der Wirbelsäule schützen dein Herz und deine Lunge wie ein Käfig.

Wirbelsäule
Etwa 33 Wirbel stützen dich und schützen dein Rückenmark. Wie Marshmallows liegen Bandscheiben zwischen ihnen und federn Stöße ab.

Handknochen
27 Knochen machen deine Hand so beweglich.

PROTHESEN
Sie können Körperteile wie Arme oder Beine ersetzen. Auch Leistungssport ist damit möglich.

Teamplayer und Dauersportler

Warum deine Muskeln eine Medaille verdienen

Selbst, wenn du schläfst, bewegen sich deine Augenmuskeln beim Träumen. Deine Atemmuskeln versorgen dich mit lebenswichtigem Sauerstoff und dein Herzmuskel pumpt pausenlos Blut. Echte Superhelden, die da in dir stecken!

ASTRONAUTEN-MUSKELN
Durch die Schwerelosigkeit im All arbeiten die Muskeln kaum. Damit sie nicht abgebaut werden, machen die Astronautinnen und Astronauten Sport. Hier siehst du Alexander Gerst an Bord der ISS.

Beweg dein Skelett!

Heb mal deinen Fuß! Jetzt bewegst du viele deiner über 600 Skelettmuskeln. Du kannst sie direkt steuern, also ihnen über Gehirn und Nerven den Befehl zum Zusammenziehen geben. Die meisten sind mit Haltebändern, den Sehnen, an einem Knochen befestigt. Sie arbeiten im Zweierteam. Spannt sich ein Muskel an, entspannt sich der andere. Das bekannteste Team: Der Bizeps beugt deinen Arm, der Trizeps streckt ihn.

Muskelrekorde

Stärkster	Kaumuskel
Kleinster	Steigbügelmuskel (Innenohr)
Breitester	Großer Rückenmuskel
Längster	Schneidermuskel (Oberschenkel)
Schwerster	Großer Gesäßmuskel
Schnellster	Augenringmuskel (»Blinzelmuskel«)
Ausdauerndster	Herzmuskel

Verdau mal!

Du hast auch noch eine andere Muskelart: Die glatten Muskeln kannst du aber nicht steuern. Sie machen ihre Arbeit ganz alleine. Die Muskeln im Darm schieben zum Beispiel dein Essen weiter. Die Muskeln in deinen Blutgefäßen regeln den Blutdruck. Und auch die Steuerung deiner Atemmuskulatur erledigt dein Hirnstamm ohne Hilfe. Zum Glück, sonst müsstest du ständig ans Atmen denken!

Kann ich mein Herz steuern?

Jein. Dein Herzmuskel wird automatisch vom Hirnstamm gesteuert. Er passt sich daran an, ob du beispielsweise schläfst oder läufst. Allerdings kannst du ihn durch Sport trainieren und deinen Herzschlag durch Entspannungsübungen verlangsamen. Dein Herz ist übrigens ein echter Hochleistungssportler. Pause machen? Geht nicht. Jeden Tag zieht es sich etwa 100 000-mal zusammen und das dein Leben lang.

AHA

Muskelheizung

Bewegst du deine Muskeln, verbrauchen sie Zucker und Sauerstoff. Dabei entsteht Wärme. Daher schwitzt du beim Sport und zitterst zum Aufwärmen bei Kälte.

Voller Leben!

Deine Haut, Haare und Nägel

Strahlende Haut, glänzende Haare, feste Nägel – alles ein Zeichen von Lebendigkeit. Oder? An deiner Oberfläche ist allerdings ziemlich viel ... nun ja, tot. Denn Hautschuppen, Haare und Nägel sind aus leblosem Horn. Aber zum Glück tobt darunter das Leben. Und darauf auch.

Deine Mitbewohner

Milliarden Bakterien, Pilze und Milben leben auf deiner Haut und schützen dich vor fremden Eindringlingen. Man nennt sie Haut-Mikrobiom.

Multitalent Haut

Die Haut schützt dich vor Schmutz und Keimen, vor Wärme, Kälte und Stößen. Sie bildet aus Sonnenlicht das für deine Knochen wichtige Vitamin D und verhindert, dass du beim Baden mit Wasser vollläufst. Außerdem hält sie einen Rekord: Sie ist das größte Organ deines Körpers. Bei dir ist sie etwa einen Quadratmeter groß, also so groß wie 16 Schulhefte aneinander.

Hausstaub ist Hautstaub

Aus der Tiefe deiner Haut wachsen ständig neue Hautzellen. An deiner Hautoberfläche sind sie nur noch tote, harte Schuppen und werden abgeworfen. Pro Minute verlierst du circa 30 000 abgestorbene Hautzellen. Du kannst sie in deinen Zimmerecken wiedertreffen: Sie bilden etwa die Hälfte der Staubflusen.

Deine Haare

Du hast etwa fünf Millionen Haare. Unten in der Haarwurzel sitzen Nerven, über die deine Härchen Berührungen weiterleiten. Im Haar selbst gibt es keine Nerven – sonst wäre Haareschneiden ein echtes Problem. Autsch! Die Kopfhaare schützen dich vor Sonne und Kälte.

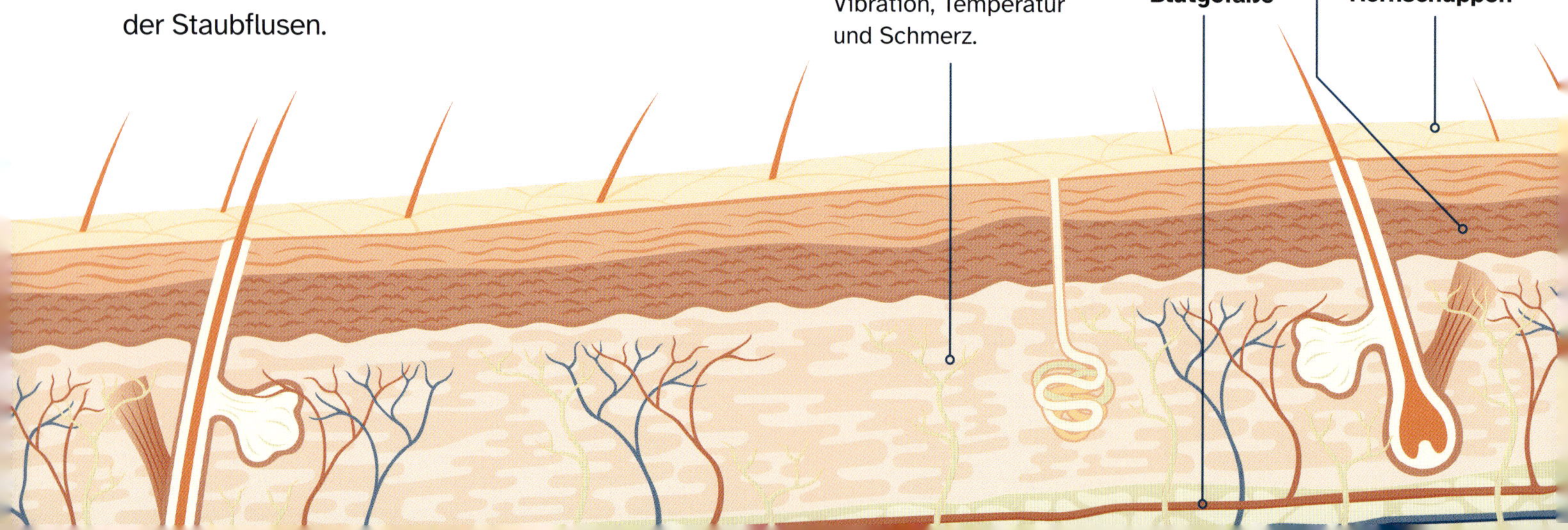

FARBSTOFF MELANIN
Spezielle Hautzellen produzieren den Farbstoff Melanin. Je mehr sie herstellen, desto dunkler ist deine Haut und desto besser der Sonnenschutz. Sammelt sich Melanin vermehrt punktförmig in der Haut, entstehen Sommersprossen.

Deine Nägel

Die Nägel dienen als Schutzschild für deine Finger- und Zehenspitzen und helfen dir dabei zu spüren, wie stark du auf etwas drückst. Ähnlich wie deine Haare sind sie nur ganz unten an der Nagelwurzel lebendig. Dort wird ständig neues Keratin, ein Eiweiß, angebaut. Einen Teil dieser »Anbaustelle« kannst du häufig als kleinen, hellen Halbmond erkennen, dort wo der Nagel in die Haut deines Fingers übergeht.

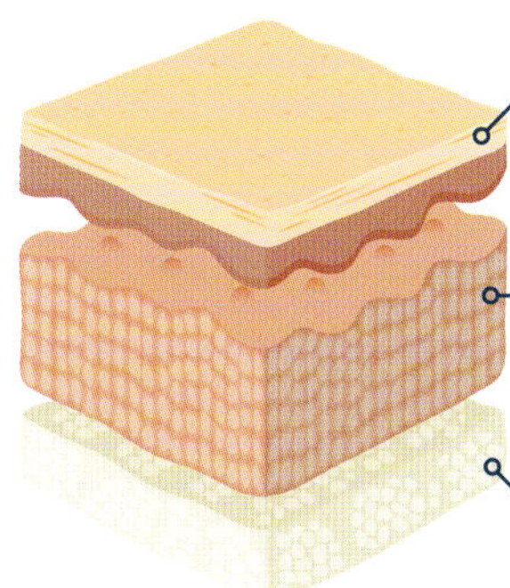

Oberhaut
Die äußere Schicht aus verhornenden Zellen bildet eine Schutzmauer zur Außenwelt.

Lederhaut
Die breite Schicht aus Bindegewebe enthält viele verschiedene Zellen.

Unterhaut
Als Fettpolster verbindet sie die oberen Hautschichten mit dem Gewebe darunter und dient als Stoßdämpfer, Wärmepolster und Nährstoffspeicher.

Schweißdrüsen
Schweiß kühlt beim Verdunsten die Haut ab.

Haarfollikel
In diesen kleinen Hautbeuteln stecken die Haare.

Talgdrüsen
Talg macht Haut und Haare geschmeidig. Staut er sich, entsteht ein Mitesser.

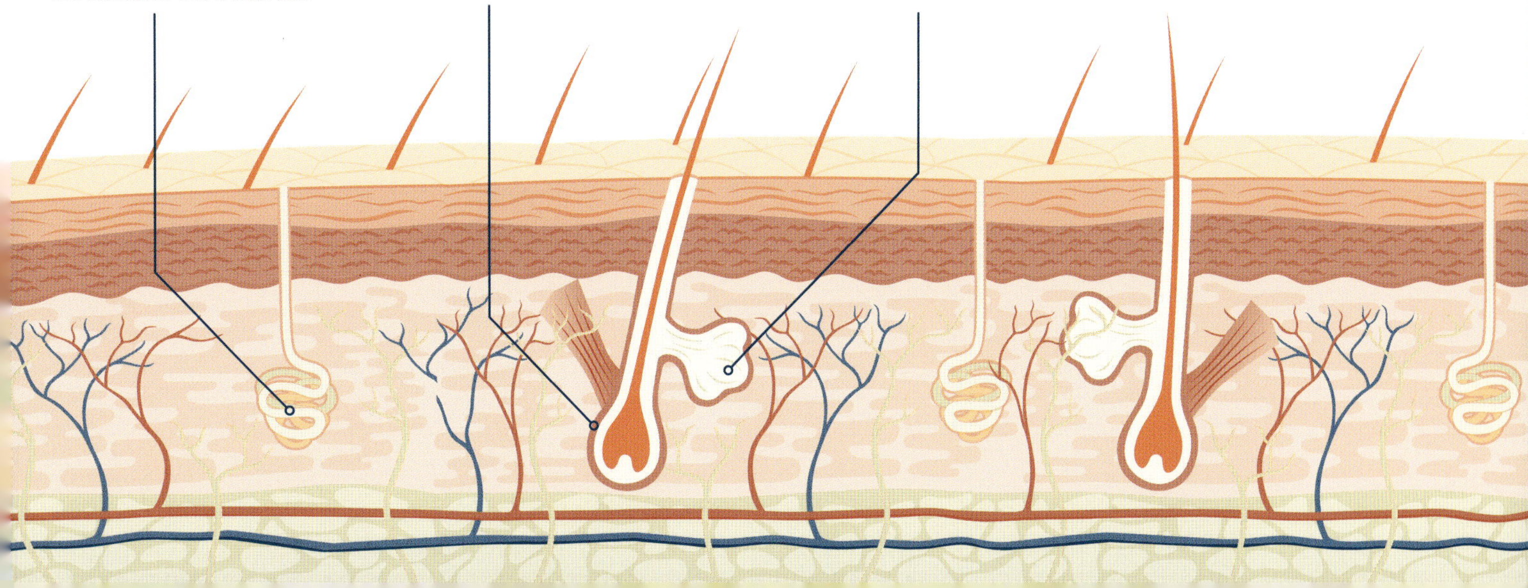

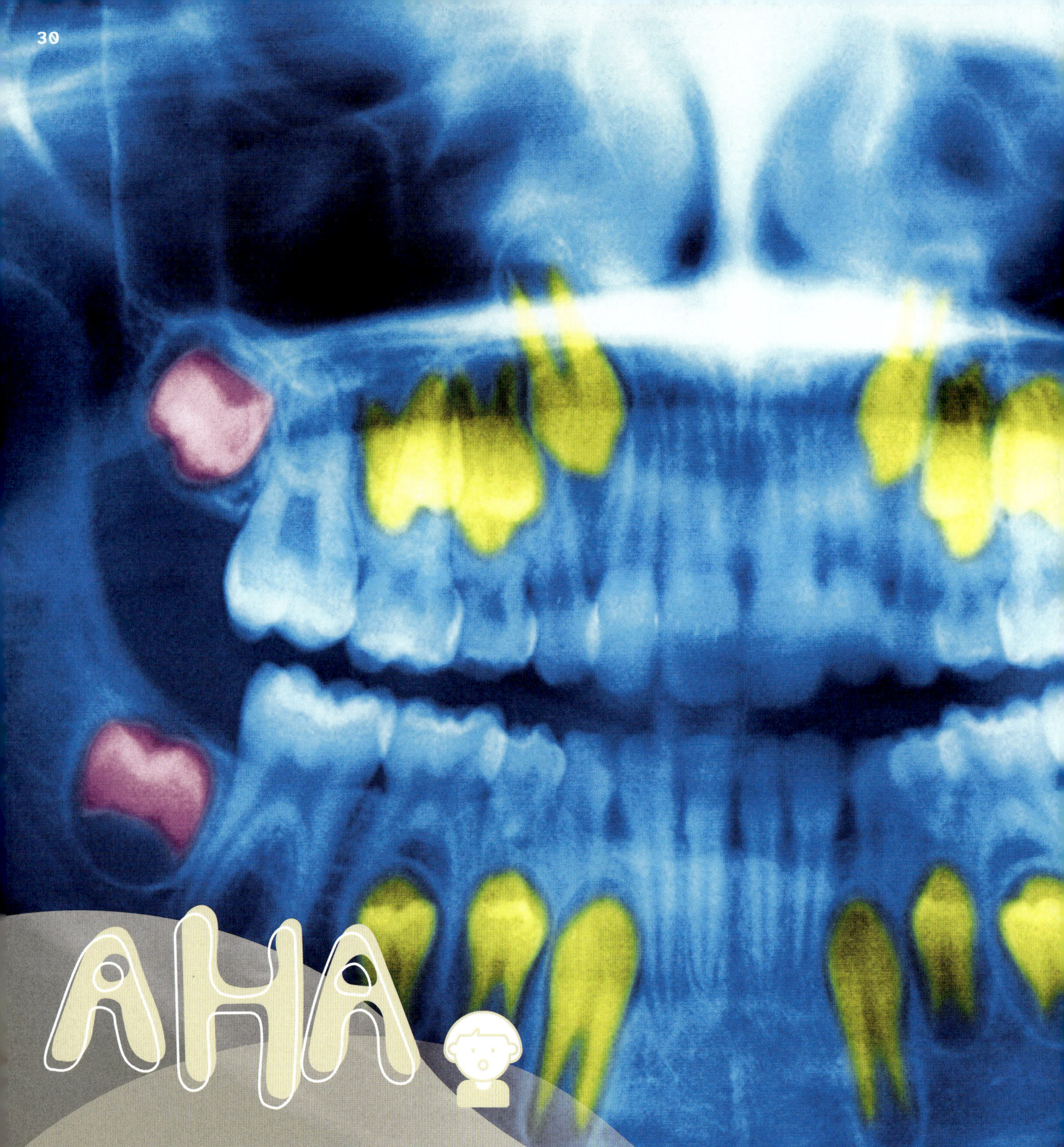

AHA

Was sind Weisheitszähne?

Um das 20. Lebensjahr brechen bei einigen Menschen vier neue Backenzähne durchs Zahnfleisch. Anders als im Kiefer unserer Vorfahren gibt es oft zu wenig Platz für die Weisheitszähne, sodass sie schräg wachsen oder sich entzünden. Statt Weisheit bekommt man dann manchmal Zahnschmerzen. Deshalb werden sie oft entfernt.

WECHSELGEBISS
Die Weisheitszähne (pink) ruhen noch unter dem Zahnfleisch. Andere bleibende Zähne (gelb) drängeln schon. Nach und nach werden die Wurzeln der Milchzähne abgebaut. Dann verlieren die Wackelzähne ihren Halt und fallen aus.

Mach mal Aaaah!

Deine Zähne

Haut, Haare und Nägel wachsen ständig nach. Und deine Zähne? Die wachsen leider nur einmal nach. Dabei brauchst du sie täglich zum Essen und Sprechen. Es lohnt sich also, gut auf sie aufzupassen.

Sag mal …

Jonas, 9 Jahre

»Wie entsteht ein Loch im Zahn?«

»Bakterien, die in deinem Mund leben und Zucker fressen, scheiden Milchsäure aus. Dieses »Bakterien-Pipi« kann deinen Zahnschmelz auflösen und Löcher verursachen. Das nennt man Karies.«

BLITZENDES LÄCHELN
Eine Zahnspange schiebt die Zähne durch sanften Druck an die richtige Stelle.

Vorsicht, bissig!

Dein Frühstücksbrot im Ganzen herunterzuschlucken, ist keine gute Idee. Zum Glück hast du dafür Helfer: Deine Eckzähne halten das Brot fest, deine Schneidezähne sind gut zum Abbeißen und deine Backenzähne mahlen es klein. Mit Speichel vermischt wird es zu kleinen, weichen Klumpen, die du problemlos herunterschlucken kannst.

Wackelzahn mit Wechselplan

Du warst etwa ein halbes Jahr alt, als du deinen ersten Milchzahn bekommen hast. Um die Einschulung herum hat der erste bleibende Zahn einen Milchschneidezahn herausgeschubst. Gleichzeitig hast du vier neue Backenzähne bekommen. Nach und nach werden aus deinen 20 Milchzähnen 32 bleibende Zähne, sonst hättest du als Erwachsener große Lücken zwischen deinen Zähnen.

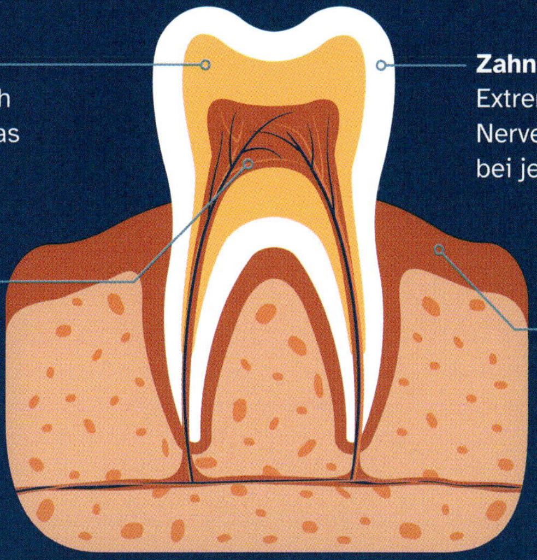

Zahnbein
Knochenähnlich und schon etwas empfindlich.

Zahnschmelz
Extrem hart, aber ohne Nerven – sonst würdest du bei jedem Biss aufschreien.

Zahnmark
Versorgt den Zahn mit Blutgefäßen und Nerven. Reicht ein Loch bis hier, tut's richtig weh.

Zahnfleisch
Stützt die Zähne und schützt Zahnhals und Wurzel vor Keimen, Körnern & Co.

Vom Mund bis ins Klo

Auf Reise mit dem Butterbrot

Die gefährlichste Abenteuerreise kann nicht mithalten mit dem, was deiner Nahrung auf dem Weg durch den Verdauungstrakt passiert: Sie wird in einen Säuresee geworfen, geknetet, zerstückelt und gepresst. Lass uns schauen, was bei der Verdauung genau passiert!

❶ *Mund*
Deine Zähne kauen den Brotbissen in kleine Stücke. Der Speichel macht ihn weich. Sobald deine Zunge den matschigen Klumpen an die Rachenwand schiebt, wird er heruntergeschluckt.

Was ist Verdauung?

Deine Zellen arbeiten ständig, aber dafür brauchen sie Energie. Die erzeugen sie aus Zucker und Fett aus deiner Nahrung. Damit diese und andere Nährstoffe bei ihnen ankommen, spalten kleine Eiweiße – sogenannte Enzyme – die Nahrung in winzige Bausteine. Das nennt man Verdauung.

❺ *Dickdarm*
Die Nahrungsreste kommen hier als dünner Brei an, dem nun Wasser entzogen wird. Darmbakterien zerlegen noch einige Nahrungsbestandteile.

❷ *Speiseröhre*

Das Brot wird von der Speiseröhre, einem langen Muskelschlauch, Stück für Stück nach unten gepresst.

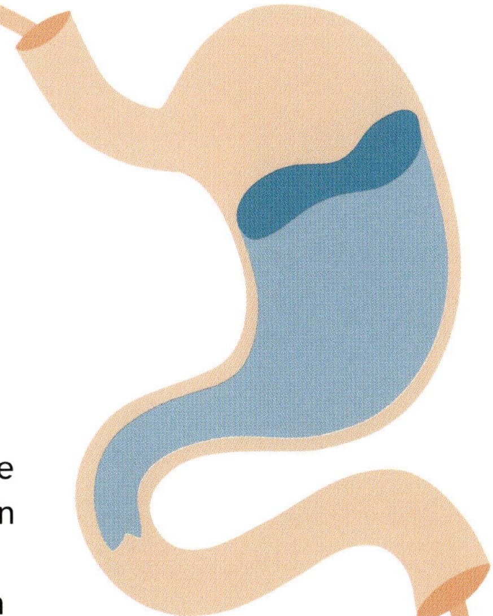

❸ *Magen*

Bakterien, die auf dem Brot leben, werden in der Magensäure abgetötet. Die Magenmuskeln vermischen alles. In kleinen Portionen wird der Brot-Brei dann an den Dünndarm abgegeben.

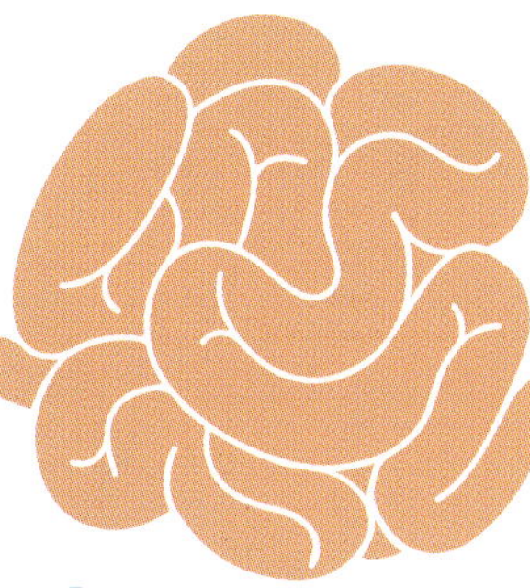

❹ *Dünndarm*

Enzyme aus der Gallenflüssigkeit und aus dem Saft der Bauchspeicheldrüse zerlegen Kohlenhydrate, Fette und Eiweiße in winzige Nährstoffe. Die Darmwand hat viele Falten und Ausstülpungen, über die die Nährstoffe aufgenommen werden.

❼ *Poloch*

Meldet der Enddarm deinem Gehirn, dass sich genug Kacke gesammelt hat, musst du auf die Toilette und entlässt die Reste des Butterbrots.

❻ *Enddarm*

Die unverdaulichen Reste des Butterbrots, Wasser, alte Körperzellen und Bakterien warten als Kacke auf das Öffnen des Schließmuskels.

Leber und Niere

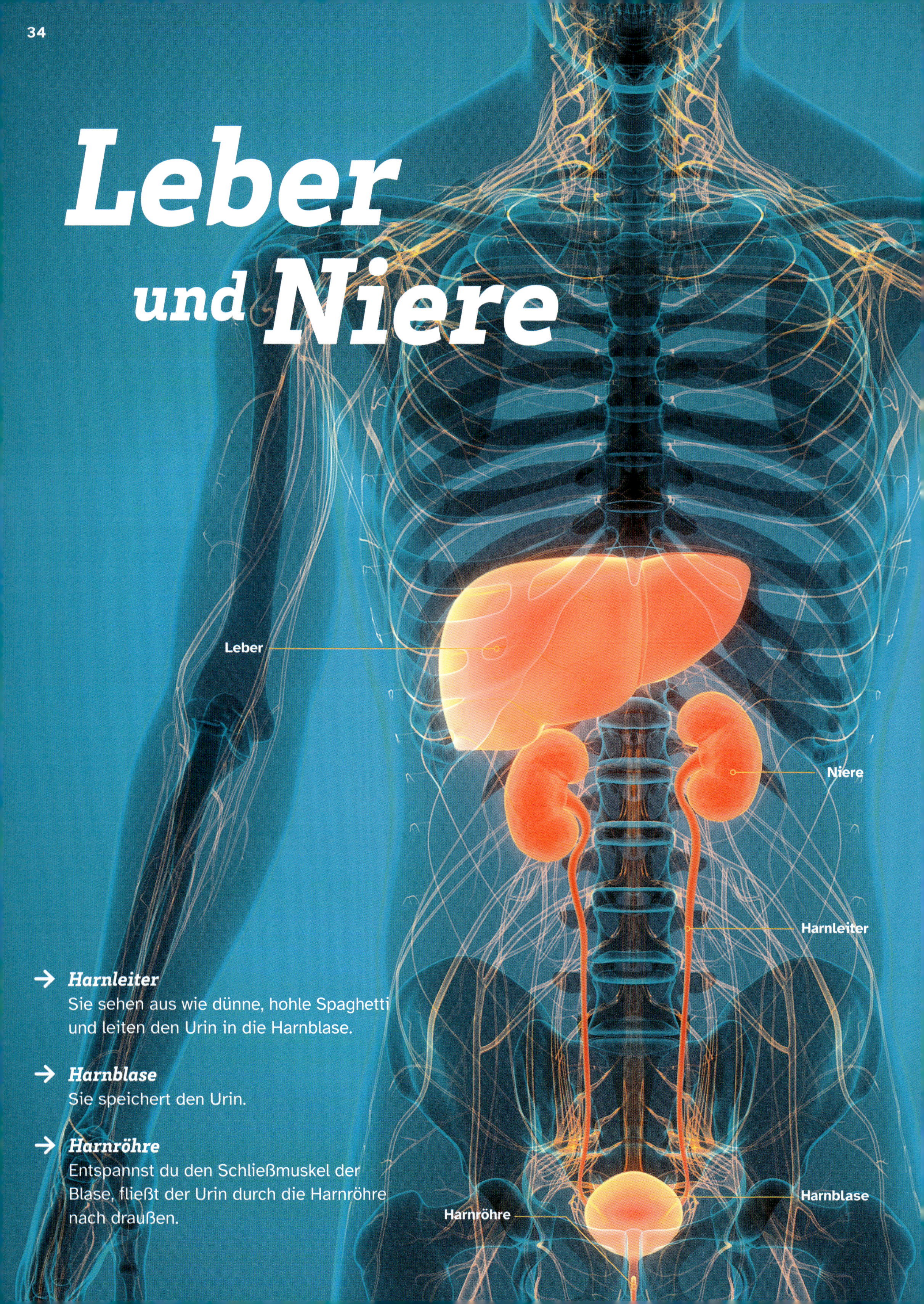

→ ***Harnleiter***
Sie sehen aus wie dünne, hohle Spaghetti und leiten den Urin in die Harnblase.

→ ***Harnblase***
Sie speichert den Urin.

→ ***Harnröhre***
Entspannst du den Schließmuskel der Blase, fließt der Urin durch die Harnröhre nach draußen.

Die Superreiniger

Unser Abwasser wird im Klärwerk gereinigt, der Abfall in der Mülltrennungsanlage sortiert. Aber wer erledigt das im Körper? Denn auch dort fällt ständig Müll an, sogar giftiger Sondermüll. Zum Glück hast du Reinigungsorgane: deine Leber und deine beiden Nieren.

Sag mal …

Frieda, 8 Jahre
»Warum ist Pipi gelb?«

»Der Farbstoff deiner roten Blutkörperchen wird zu einem gelben Stoff abgebaut.«

Türsteher für die Weiterverteilung

Fast alles, was du isst und trinkst, wird aus dem Darm über dein Blut aufgenommen. Dann geht es erst mal zur Leber. Sie prüft, welche Stoffe giftig sind und nicht in deinem Körper bleiben dürfen. Anschließend werden diese Giftstoffe über Kot oder Urin, also Kacke oder Pipi, aus dem Körper geschleust.

Streber-Leber

Die Leber hat wirklich viele Aufgaben. Sie dient zum Beispiel als Vorratskammer für Fett, Zucker und Vitamine und gibt sie ab, wenn sie im Körper fehlen. Sie produziert lebenswichtige Eiweiße für die Wundheilung. Außerdem räumt sie tote Blutkörperchen aus dem Blut und recycelt ihre Bestandteile. Sie produziert Gallensäure, die bei der Verdauung hilft. Und als du noch ein Baby im Bauch deiner Mutter warst, hat sie dein Blut gebildet.

Die Kläranlage fürs Blut

Über die Hälfte deines Körpers besteht aus Wasser. Jede Minute fließt etwa ein Viertel deines Blutes durch Millionen kleiner Filter. Diese Nephrone sitzen in deinen Nieren. Sie filtern Abfälle und überschüssiges Wasser heraus. Über die Harnleiter leiten sie es an einen Zwischenspeicher ab: deine Harnblase. Wenn sie gefüllt ist, entlässt du Pipi über die Harnröhre ins Klo.

Super Fakten

1 Größenrekord
Zwar ist die Haut dein größtes Organ, aber die Leber ist dein größtes **inneres Organ**.

2 Stinkalarm
Bakterien zersetzen den Harnstoff im Urin zu stinkigem Ammoniak – das ist der **eklige Geruch** auf manchen Schulklos.

Einmal tief einatmen!

Mit dem Sauerstoff durch die Lunge

Wie oft hast du heute schon geatmet? Keine Ahnung? Macht nichts. Dein Hirnstamm könnte dir das beantworten. Denn glücklicherweise übernimmt er die Steuerung, damit du nicht ans Atmen denken musst. Alle paar Sekunden zwingt er dich zum Luftholen. Aber warum eigentlich?

Rein …

Durch Mund oder Nase strömt Sauerstoff aus der Luft in den Rachen und weiter in die Luftröhre. Sie sieht aus wie der Stamm eines umgedrehten Baumes, von dem zwei große Äste abgehen: die Bronchien. Ein Ast geht zum linken Lungenflügel, einer zum rechten. Sie zweigen sich immer weiter auf zu kleinen Ästchen, den Bronchiolen. Das sind winzige Gänge mit kleinen Luftsäckchen am Ende, den Alveolen. Sie sind von einem Netz aus Blutgefäßen umgeben. Der Sauerstoff schlüpft durch die hauchdünnen Wände, klammert sich an rote Blutkörperchen und lässt sich zu den Zellen liefern.

… und raus

Deine Zellen würden ohne Sauerstoff nach einigen Minuten sterben. Denn sie nutzen ihn, um Energie zu erzeugen. Allerdings wird er dabei zu Kohlenstoffdioxid umgewandelt und das ist giftig. Also schnell wieder mit dem Blut-Lieferdienst zurück in die Lunge. Und ab geht es im Rückwärtsgang durch die Alveolen, Bronchiolen, Bronchien und die Luftröhre nach draußen. In jeder Minute atmest du etwa 20-mal.

ATEMANTRIEB
Beim Sport gehen Atmung und Herzschlag schneller. Dadurch kommt mehr Sauerstoff in deine Zellen, um ausreichend Energie zu produzieren.

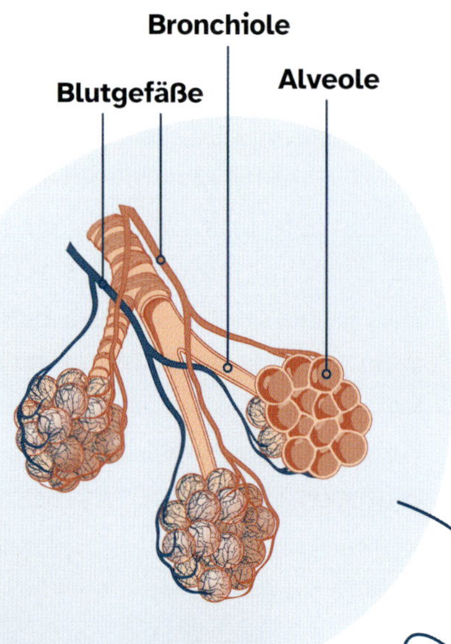

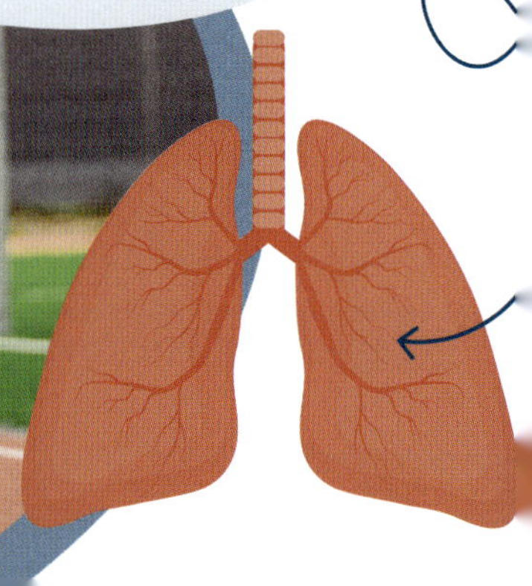

Was passiert in großer Höhe?

Auf hohen Bergen gibt es weniger Sauerstoff in der umgebenden Luft. Dieser Sauerstoffmangel kann bei Bergsteigerinnen und Bergsteigern zu Müdigkeit, Übelkeit und Kopfschmerzen führen. Das nennt man Höhenkrankheit.

Was ist das Zwerchfell?

Mit einem Fell hat es nichts zu tun. Das Zwerchfell ist dein wichtigster Atemmuskel und liegt direkt unter der Lunge. Zieht es sich zusammen, strömt Luft in die Lunge und du atmest ein. Entspannt es sich, strömt die Luft wieder heraus und du atmest aus. Einige andere Muskeln helfen dem Zwerchfell dabei, zum Beispiel die Muskeln zwischen deinen Rippen.

Zutritt verboten!

Sobald du schluckst, verschließt der Kehldeckel die Luftröhre, damit Essen und Trinken nicht hineinkommen. Verschluckst du dich doch mal, wird der Fremdkörper beim Husten wieder herausgeschleudert. Kleine Eindringlinge wie Staub oder Krankheitserreger kleben am Schleim in deinen Atemwegen fest, den winzige Härchen nach oben bis zum Rachen schieben. Du schluckst ihn hinunter, und die Magensäure vernichtet die Eindringlinge.

LUNGEN STATT KIEMEN
Anders als bei Fischen können unsere Lungen den Sauerstoff nur aus der Luft aufnehmen. Atmen unter Wasser klappt daher leider nicht.

Dein Herz-Kreislauf-System

Rundfahrt der Blutkörperchen

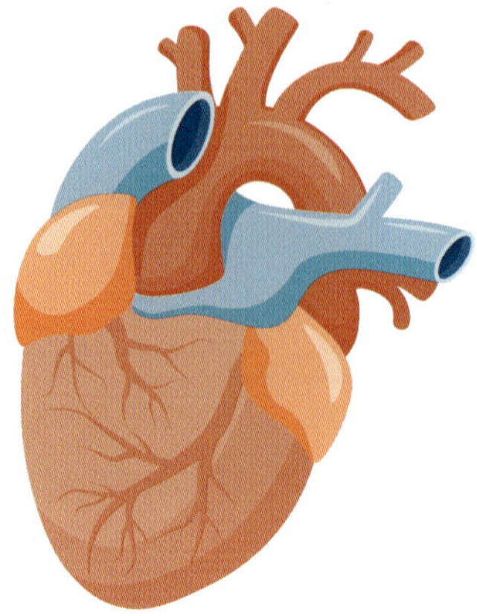

DAS HERZ
Dein Herz ist etwa so groß wie deine Faust. Es schlägt etwas schneller als der Sekundenzeiger deiner Uhr, bei dir vermutlich 80- bis 90-mal in der Minute – bei Erwachsenen etwas langsamer, bei Babys schneller.

Sauerstoff und Nährstoffe müssen zu jeder Körperzelle transportiert werden. Und Abfälle müssen wieder heraus. Dein Blut ist der Lieferdienst dafür. Dein Herz pumpt es durch ein verzweigtes System aus Blutgefäßen. Würde man sie alle gerade aneinanderlegen, würden deine Blutgefäße zweimal um die Erde reichen.

Pumpen ohne Pause

Bei jedem Herzschlag passiert das Gleiche: Die beiden Herzkammern ziehen sich zusammen und pumpen das Blut in die großen Schlagadern. Währenddessen füllen sich die Vorhöfe. Entspannen die Kammern sich, strömt das Blut aus den Vorhöfen in sie hinein. Und schon geht's von vorne los. Die Herzklappen verhindern, dass Blut zurückläuft.

Immer im Kreis

Die Adern, die das sauerstoffreiche Blut vom Herzen wegführen, heißen Arterien. Sie verästeln sich und werden immer kleiner, bis sie als Kapillaren dünner als ein Haar sind. Durch ihre Wände findet der Austausch von Gasen, Nährstoffen und Abfällen zwischen Blut und Zellen statt. Von hier aus führen die Venen, die das sauerstoffarme Blut transportieren, zurück zum Herzen.

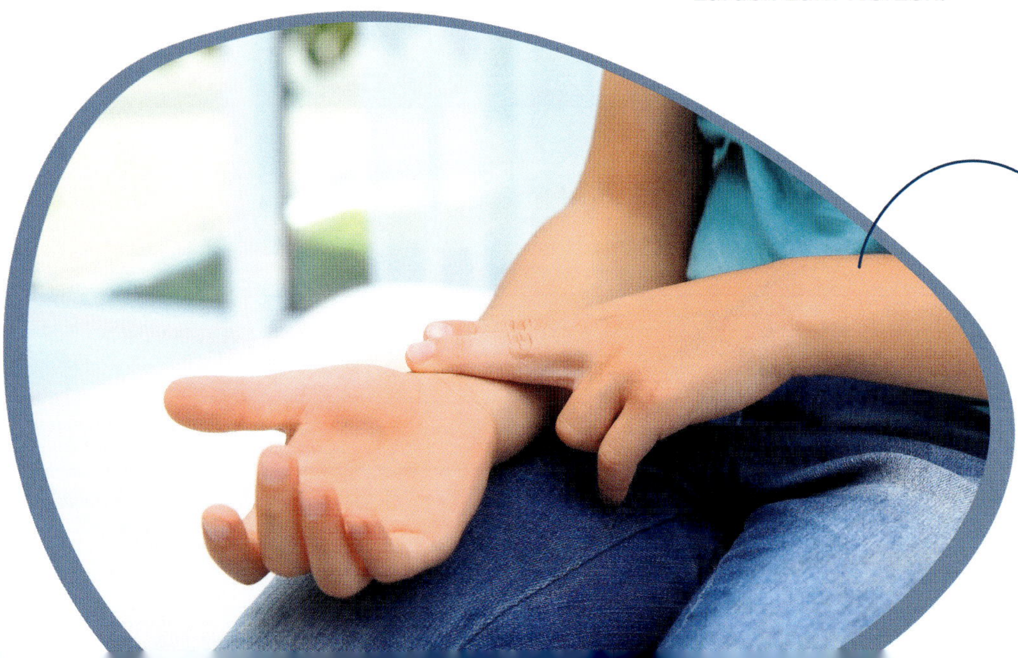

MISS DEINEN PULS!
Die Druckwelle des Blutes kannst du spüren, zum Beispiel auf der Innenseite deines Handgelenks, unterhalb des Daumens.

KLEINE LUNGENRUNDFAHRT, GROSSE KÖRPERRUNDFAHRT
Im kleinen Kreislauf sausen die Blutkörperchen vom Herzen zur Lunge und zurück. Im großen in den restlichen Körper und wieder zum Herzen.

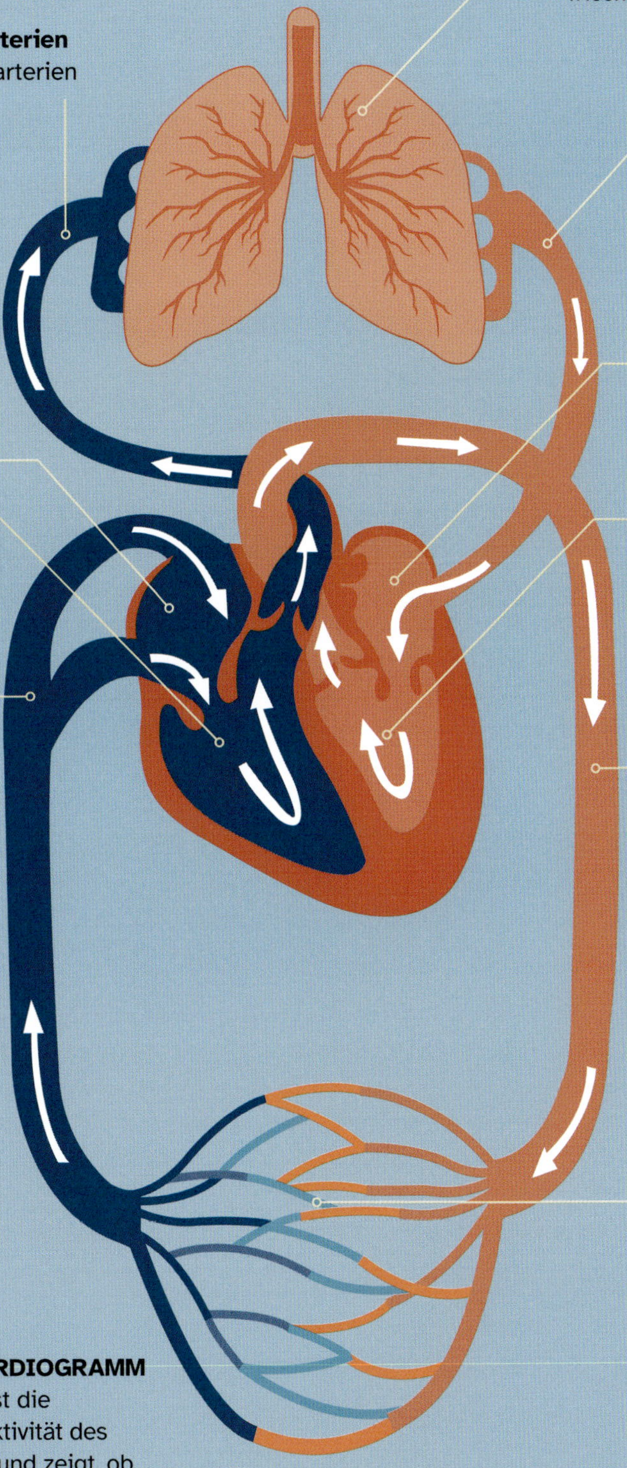

1 Rechter Vorhof
Von hier sausen die mit verbrauchtem Sauerstoff beladenen roten Blutkörperchen los.

2 Rechte Herzkammer
Zuerst geht's in die rechte Herzkammer. Sie pumpt sauerstoffarmes Blut über ...

3 Lungenarterien
... die Lungenarterien zur Lunge.

4 Lunge
Hier laden die Blutkörperchen frischen Sauerstoff auf.

5 Lungenvenen
Zurück geht's über die Lungenvenen. Sie bringen sauerstoffreiches Blut von der Lunge ...

6 Linker Vorhof
... in den linken Vorhof und dann ...

7 Linke Herzkammer
... in die linke Herzkammer. Sie pumpt sauerstoffreiches Blut ...

8 Hauptschlagader (Aorta)
... über die Hauptschlagader zum Rest des Körpers. Die Hauptschlagader ist etwa so dick wie dein Finger.

9 Kapillaren
Über die dünnen Gefäßwände geben die Blutkörperchen den Sauerstoff an die Zellen ab, zum Beispiel an die in deiner Nase. Die Abfälle nehmen sie gleich mit und sausen zurück zum rechten Herzen.

10 Hohlvenen
Sie bringen das sauerstoffarme Blut zurück zum Herzen. Die Rundfahrt eines Blutkörperchens durch den Körper dauert etwa eine Minute.

ELEKTROKARDIOGRAMM
Das EKG misst die elektrische Aktivität des Herzmuskels und zeigt, ob das Herz gleichmäßig schlägt und gesund ist.

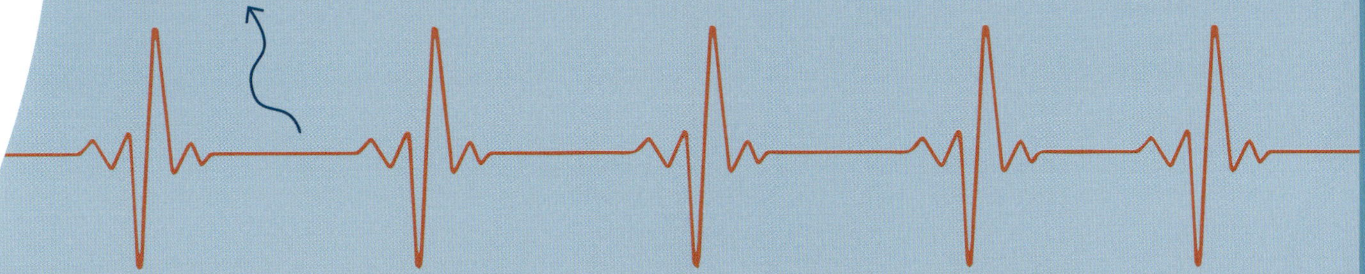

Daraus besteht Blut

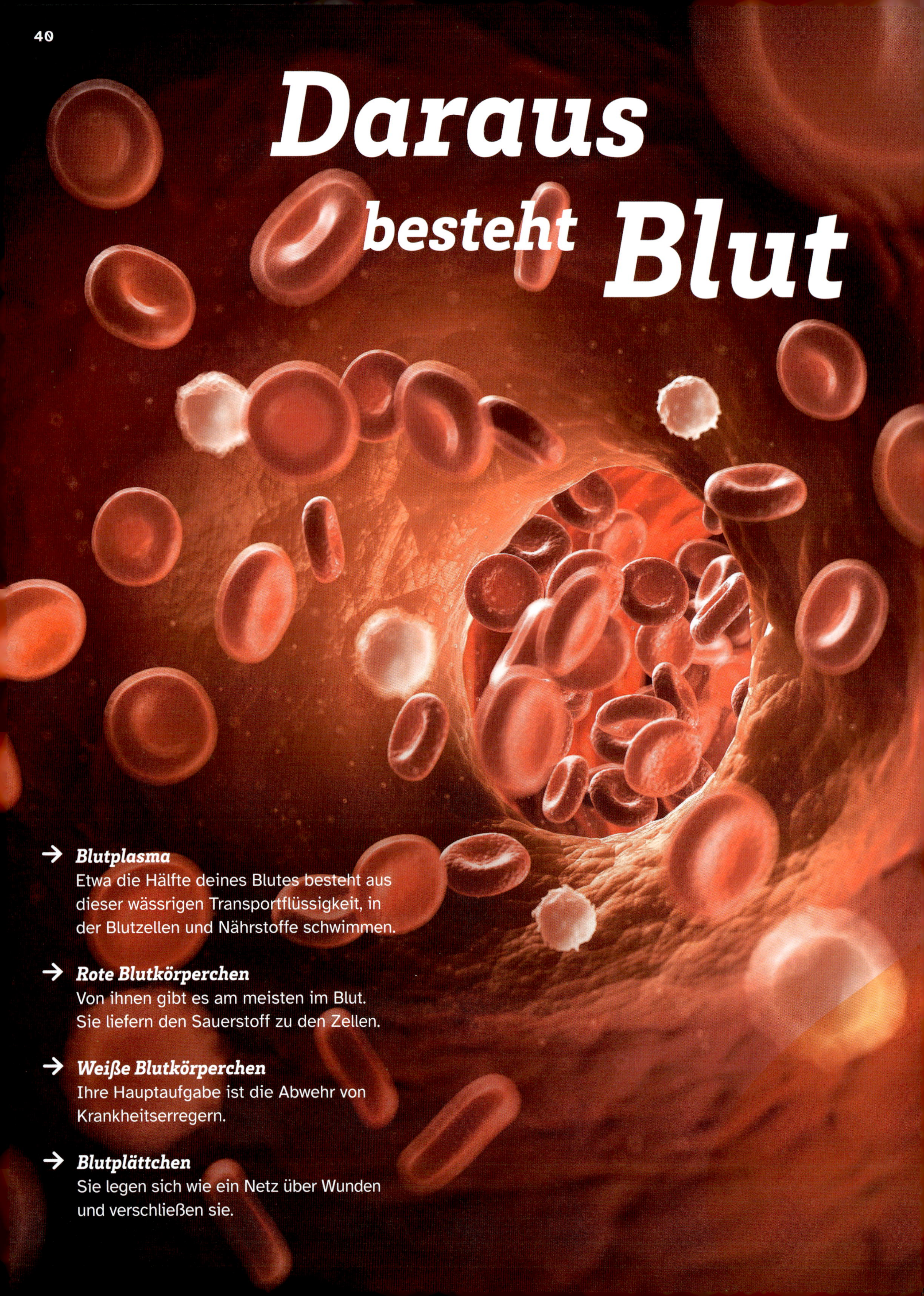

→ ***Blutplasma***
Etwa die Hälfte deines Blutes besteht aus dieser wässrigen Transportflüssigkeit, in der Blutzellen und Nährstoffe schwimmen.

→ ***Rote Blutkörperchen***
Von ihnen gibt es am meisten im Blut. Sie liefern den Sauerstoff zu den Zellen.

→ ***Weiße Blutkörperchen***
Ihre Hauptaufgabe ist die Abwehr von Krankheitserregern.

→ ***Blutplättchen***
Sie legen sich wie ein Netz über Wunden und verschließen sie.

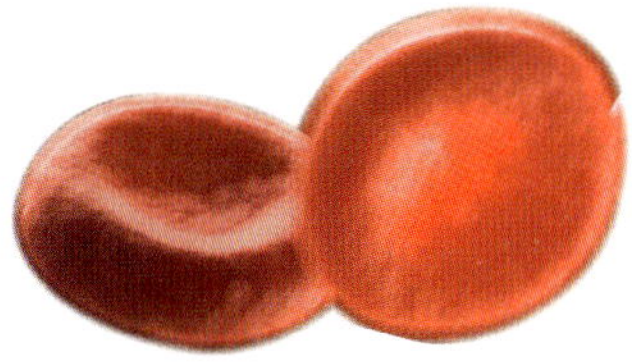

Roter Supersaft

Etwa acht Prozent deines Körpergewichts ist Blut, bei dir entspricht das vielleicht drei Litern. Dein Blut bringt Nährstoffe, Sauerstoff und Botenstoffe zu deinen Zellen und nimmt die Abfälle aus ihnen mit. Blut kennt jeder, aber was sind eigentlich Lymphe und Milz?

Sag mal ...

Zeynep, 10 Jahre
»Warum ist Blut rot?«

»Verantwortlich dafür ist Hämoglobin, der eisenhaltige Farbstoff in deinen roten Blutkörperchen. Bindet Sauerstoff ans Eisen, entsteht eine hellrote Farbe. Löst er sich ab, wird der Farbstoff dunkelrot.«

Lymphe – der unbekannte Abwehrsaft

Hast du schon mal dicke Knubbel am Hals gespürt, als du krank warst? Das waren deine Lymphknoten. Denn neben den Blutgefäßen zieht noch ein weiteres Straßennetz durch deinen Körper: Die Lymphgefäße nehmen überschüssiges Wasser aus dem Gewebe auf. In dieser Lymphe werden Eiweiße und Fette aus der Nahrung sowie weiße Blutkörperchen transportiert. In den Lymphknoten wird sie von Krankheitserregern gereinigt und sammelt neue Abwehrzellen ein. Wenn du krank bist und deine Lymphknoten viel arbeiten, schwellen sie deshalb manchmal an. Am Ende fließt die gereinigte Lymphe in die Blutgefäße.

Milz – der unbekannte Blutfilter

Vielleicht hast du von diesem kleinen Organ links hinten in deinem Bauch noch nie gehört. Dabei hat die Milz wichtige Aufgaben: Wenn Blutkörperchen alt werden und kaputtgehen, ist sie gefragt. Sie entfernt diese Blutkörperchen und speichert frische. So kann sie schnell welche freisetzen, wenn sie gebraucht werden. Als du ein Baby warst, hat sie außerdem deine roten Blutkörperchen produziert – heute übernimmt das hauptsächlich dein Knochenmark.

Wertvolle Tropfen

Blut abzugeben kann helfen – um Krankheiten zu erkennen oder um Menschen Blut zu spenden, die wegen eines Unfalls oder einer Operation viel Blut verloren haben.

Blutentnahme

An deinem Blut lässt sich eine Menge ablesen: Entzündungen, Erkrankungen von Leber, Niere oder deinem Blut selbst und noch vieles mehr.

Blutgruppen

Rote Blutkörperchen haben auf ihrer Oberfläche Merkmale, mit denen sie sich in Blutgruppen einteilen lassen: A, B, AB und 0. Die Blutgruppen von Blutspender und -empfänger müssen zusammenpassen, sonst verklumpt das Blut.

Hier kommt keiner vorbei!

Wie dein Abwehrsystem dich schützt

ÜBERALL MATSCH?
Kein Problem! Dein Körper schützt dich vor den Keimen im Dreck.

Schnupfenviren sausen in deine Nase, Fußpilzsporen heften sich an deine Zehen und Durchfallbakterien gelangen in deinen Magen. Andauernd muss dein Körper sich gegen Eindringlinge verteidigen. Zum Glück hat er dafür ein tolles Abwehrsystem entwickelt!

Die Türsteher deines Körpers

An allen Eingängen deines Körpers gibt es Hindernisse: Krankheitserreger bleiben am Schleim von Nase und Mund oder am Ohrenschmalz kleben, die Magensäure verätzt sie und die dichte Haut ist mit einem feinen Säureschutzmantel bedeckt. Tränen und Speichel enthalten Abwehrstoffe. Gelingt es Keimen dennoch, in deinen Körper einzudringen, sind weiße Blutkörperchen zur Stelle. Als Fresszellen, auch Phagozyten genannt, fressen sie die Erreger einfach auf.

Die Abwehr-Spezialisten

Neben dieser unspezifischen Abwehr gibt es auch die spezifische Abwehr: Die Lymphozyten sind die Spezialeinheit der weißen Blutkörperchen. Sie werden auf bestimmte Krankheitserreger trainiert und können Gedächtniszellen bilden. Dringen diese Erreger wieder in den Körper ein, werden sie direkt erkannt und bekämpft.

Wie wehren sich Lymphozyten?

Als Killerzellen können sie die Erreger direkt angreifen. Als Helferzellen holen sie andere Abwehrzellen zu Hilfe. Eine andere Gruppe von Lymphozyten kann Antikörper bilden. Sie passen genau um die Angreifer – wie Fesseln. Die Erreger verklumpen dann und können keinen Schaden mehr anrichten.

Sag mal …

Mila, 8 Jahre
»Warum hat man Fieber?«

»Fieber ist auch eine Abwehrfunktion. Bei höheren Temperaturen arbeiten weiße Blutkörperchen besser, aber viele Krankheitserreger schlechter.«

Wie funktioniert Impfen?

Auch beim Impfen geht es darum, dass deine Abwehrzellen sich an Viren oder Bakterien erinnern. Meist wird dafür eine abgeschwächte Version des Erregers oder ein Teil von ihm in einen Muskel gespritzt. Es ist wie Proben für den Ernstfall, für den dann gut ausgebildete Antikörper zur Verfügung stehen. Sie schützen vor einem schweren Verlauf der Krankheit.

Fehlalarm!

Die Abwehrzellen können aber auch gesunde, körpereigene Zellen angreifen, sodass sie nicht mehr funktionieren. Das nennt sich Autoimmunkrankheit. Ein Beispiel ist der Diabetes mellitus Typ 1. Dabei werden Zellen, die das Hormon Insulin produzieren, zerstört. Insulin schleust den Zucker aus dem Blut in die Zellen, damit sie Energie erzeugen können. Fehlt das Insulin, muss es in den Körper gespritzt werden.

Allergie – Hatschi!

Manchmal können deine Abwehrzellen überreagieren und harmlose Stoffe mit Antikörpern überschütten. Zum Beispiel Gräserpollen, Nüsse, Staub oder Tierhaare. Die Blutgefäße weiten sich dann und können zu Naselaufen, Husten, Juckreiz und sogar zu Atemproblemen führen.

KRANK IM WINTER

Besonders in der kalten Jahreszeit sind wir häufiger krank, da einige Krankheitserreger bei Kälte stabiler und unsere Schleimhäute trocken und abwehrschwach sind.

Gesund werden und gesund bleiben

... und was du dafür brauchst

Dein Körper ist stark und deine Abwehr schlau. Dennoch wirst du immer mal wieder krank. Häufig sind das Infektionskrankheiten, zum Beispiel Erkältungen durch Viren. Aber es gibt viele Ursachen, warum unsere Gesundheit aus dem Gleichgewicht gerät.

Blick in den Körper

Manchmal brauchst du bei einer Erkrankung ärztliche Hilfe. Reichen eine Befragung und körperliche Untersuchung nicht aus, um festzustellen, was du hast, kann ein Blick in den Körper helfen: Körperflüssigkeiten wie Blut und Urin lassen sich untersuchen, Herz- und Hirnaktivität messen. Und man kann Filme und Fotos vom Inneren deines Körpers machen.

Schnell wieder fit

Bei einer leichten Erkältung reicht es häufig aus, wenn du dich ausruhst. So überlässt du deinem Körper die Energie für die Abwehr. Viel trinken solltest du auch, denn du verlierst Flüssigkeit, wenn du viel Schleim produzierst oder bei Fieber schwitzt. Manchmal brauchst du Unterstützung durch Medikamente. Und je nach Erkrankung gibt es viele andere Therapiemöglichkeiten, von Operationen bis zur Gesprächstherapie.

Wie bleibst du gesund?

Das Beste wäre natürlich, gar nicht erst krank zu werden. Ernähre dich gesund, trinke genug, bewege dich regelmäßig und gönne deinem Körper ausreichend Schlaf. Versuche, Dinge zu tun, die dich glücklich machen. Natürlich klappt das nicht immer, das ist völlig okay. Dich trifft keine Schuld, wenn es mit dem Gesundbleiben nicht funktioniert. Sieh es einfach als Wegweiser, wie du deinem Körper etwas Gutes tun kannst.

TRÖSTEN
Manchmal ist es schon viel wert, wenn du in den Arm nimmst oder zuhörst.

Helfen im Notfall

Rufe einen Erwachsenen zu Hilfe und scheue dich nicht, die Notruftaste auf dem Handy zu drücken oder die Nummer 112 zu wählen, damit ein Krankenwagen geschickt wird. Bringe dich nie selbst in Gefahr, indem du zum Beispiel auf die Straße läufst! Eine Wunde verbinden oder Wiederbelebung kannst du in einem Erste-Hilfe-Kurs lernen. An vielen Schulen gibt es auch eine Ausbildung zur Schul-Sanitäterin oder zum Schul-Sanitäter.

Klima und Körper

Die Gesundheit kann auch durch Hitze, Überschwemmungen oder Luftverschmutzung infolge des Klimawandels belastet werden. Erwachsene müssen mit klimafreundlichen Entscheidungen vorangehen, um etwas zu verändern. Hast du Klimasorgen, sprich mit anderen darüber. Es kann dir auch helfen, Teil einer Gemeinschaft zu werden, die sich aktiv für eine gesunde Umwelt einsetzt, zum Beispiel in der Schule oder in Ortsgruppen.

Es bleibt spannend!

ZUKUNFT DER MEDIZIN
Künstlich intelligente Computerprogramme helfen schon jetzt bei der Suche nach Krankheiten. Mini-Roboter, sogenannte Nanobots, reparieren vielleicht schon bald kranke Zellen im Körper. Auch künstliche Körperteile werden immer besser nachgebaut. Du wächst in einer Welt auf, die noch nie so viel über den Körper wusste und ihn so gut heilen konnte wie zuvor.

Dein Körper ist stark und hat so viel zu bieten. Die Zukunft auch.

Wer hat dieses Buch geschrieben?

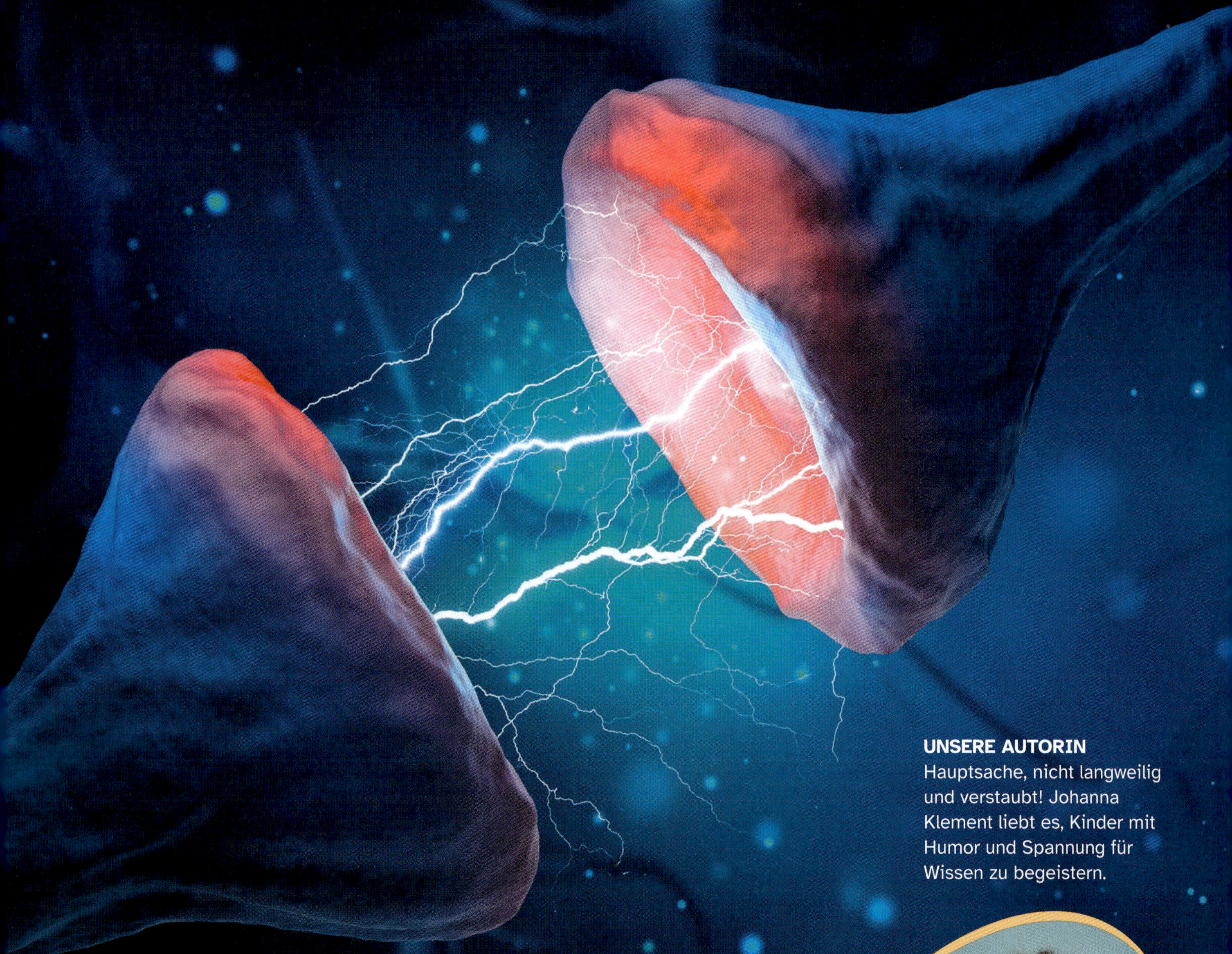

UNSERE AUTORIN
Hauptsache, nicht langweilig und verstaubt! Johanna Klement liebt es, Kinder mit Humor und Spannung für Wissen zu begeistern.

»Keine Angst vor neuen Herausforderungen – bleib neugierig!«

Im Gespräch mit ...

Dr. Johanna Klement, Medizinerin und Wissenschaftlerin
Nach ihrer Promotion forschte sie zwölf Jahre an Hirn und Hormonen. Als Medical Writer schreibt sie nun wissenschaftliche Texte für ein Fachpublikum und fiktionale Texte und Sachbücher für Kinder.

WAS IST DEIN LIEBLINGSTHEMA IM KÖRPER?

Häufig begeistert mich das Thema am meisten, in das ich gerade eintauche. Wenn ich mir aber ein Organ aussuchen müsste, wäre es das Gehirn. Einerseits regelt es verlässlich die Grundfunktionen wie Atmung und Herzschlag, andererseits ermöglicht es uns zu fühlen und kreativ zu sein. Diese Mischung finde ich faszinierend.

WARUM WOLLTEST DU DIESES BUCH SCHREIBEN?

Mich hat es gereizt, das umfangreiche Thema Körper so lebendig, verständlich und knackig wie möglich aufzubereiten. Ich möchte Spaß am Körper vermitteln und zeigen: Jeder Körper ist einzigartig und wertvoll.

WAS FINDEST DU IN DER MEDIZIN GERADE SPANNEND?

Das Zusammenspiel der Gegensätze. Wir können klitzekleine Gene zerschneiden und riesengroße Datenmengen analysieren, uns von Robotern bei Operationen helfen und von echten Menschen trösten lassen.

Bildquellennachweis:
AdobeStock: 46-47 (Aliaksandr Marko); ESA: 26or (NASA);
Getty Images: Inh.-Verz.ul (boonchai wedmakawand), Inh.-Verz.r (Imgorthand), 2 (kali9), 7ol (Tassii), 12or (Catherine Delahaye), 17mr (playb), 22 (Flamingo Photography), 23ml (Dorling Kindersley), 24or (Röntgenbild: Steve Allen), 27 (Sol de Zuasnabar Brebbia), 30 (BSIP), 32or (Peter Cade), 33ur (Cavan Images / Patrick Kunkel), 36u (Sergey Mironov), 43u (Comstock Images); iStock: 15o (4x6), 26ul (mikimad), 31ml (Charday Penn), 37r (MichaelSvoboda), 48Hg. (K_E_N);
Klement, Johanna: 48ur; **mauritius images**: 25ur (Scott Camazine /Alamy Stock Photos); **picture alliance**: 35ul (Soeren Stache / ZB);
Shutterstock: Inh.-Verz.ml (Gehirn: alexandrabadashovaa), Inh.-Verz.m (Außenohr Innenohr: inspiring.team), Inh.-Verz.um (Skelett: PixelSquid3d), Inh.-Verz.ol (Sebastian Kaulitzki), 3ml (recep kart), 3ur (Stanislav Danshyn), 3um (Gehirn: alexandrabadashovaa), 4or (Eizelle: Pikovit), 4mr (Blutkörper und Muskelzellen: PCH.Vector), 5o (Designua), 6mr (Embryo: Sebastian Kaulitzki), 6m (Sebastian Kaulitzki), 6ml (Sebastian Kaulitzki), 6mr (Spermien: ninoon), 6um (Sebastian Kaulitzki), 7ol (Eizelle: Sebastian Kaulitzki), 7mr (Sebastian Kaulitzki), 7m (Sebastian Kaulitzki), 7ul (Natalia Deriabina), 8m (Magic mine), 9ul (Ground Picture), 10-11 (MattL_Images), 13r (mybox), 14mr (Tirachard Kumtanom), 16u (E.Va), 19ul (SvetaZi), 19or (Andrey Korshenkov), 20or (Ivana Culafic), 20u (Matyuschenko), 20ml (StockSmartStart), 21mr (Gehirn: alexandrabadashovaa), 21o (Bulgakova Christina), 21m (Außenohr Innenohr: inspiring.team), 24ol (eranicle), 25m (Skelett: PixelSquid3d), 25or (Ladanifer), 28-29u (MatoomMi), 29or (Cristian Borrego Sala), 29m (About time), 31um (Onica Alexandru Sergiu), 34 (Magic mine), 36mr (Atemantrieb: first vector trend), 36ur (Lunge : Lucia Fox), 38ul (New Africa), 38or (Buravleva stock), 39 (Nandalal Sarkar), 40 (Sebastian Kaulitzki), 41ur (Kamil Macniak), 42or (Christin Lola), 42ur (cartoon-IT), 43or (ArtHeart), 44ul (MNStudio), 45ml (peipeiro), 45o (Ground Picture)

Vorsatz: **Getty Images**: (SONGPHOL THESAKIT)

Umschlagfotos: **Shutterstock**: U1 (Roman Samborskyi), U4 (whitehoune)

Gestaltung: Tessloff Verlag
Lektorat: Lisa Herden
Grafik: Jennifer Wunderwald
Bildredaktion: Julia Kitzig, Die Bildbeschaffer GmbH
Drucker: Livonia Print

www.tessloff.com

ISBN 978-3-7886-7715-2

MIX
Papier | Fördert gute Waldnutzung
FSC® C020353

Hab ich schon. **Brauch ich noch!**